불평등과의 싸움

18세기 루소에서 21세기 피케티까지,
260년간의 불평등 논쟁

불평등과의 싸움

이나바 신이치로 지음 | 김영주 옮김

날아로그

차례

들어가기에 앞서

피케티에서, 다시 루소와 스미스로

——— 프랑스의 경제학자 토마 피케티Thomas Piketty, 1971~의 『21세기 자본』이 출간된 것은 2013년의 일입니다. 당시 피케티는 프랑스뿐만 아니라 격차와 불평등에 관심을 가지고 있던 전 세계의 경제학자들 사이에서 이미 확고한 명성을 얻고 있었습니다. 예상 밖의 일은 아무리 일반 독자를 대상으로 평이하게 쓰였다고는 해도 방대한 주석이 달린 엄청난 분량의 이 책 영어판이 순식간에 베스트셀러가 되고 한국과 일본을 비롯한 해외에서도 연이어 성공하면서 그 여파가 프랑스로 역수입될 정도로(초반의 프랑스어판은 원래 예상했던 정도의 판매고만을 올렸습니다) 세계적인 베스트셀러가 된 일이었습니다.

『21세기 자본』이 이 정도까지 큰 성공을 거둔 이유는 무엇일까요? 유행이라는 것은 종잡을 수 없기 때문에 정확한 이유는 알 수 없습니다. 그러나 앞에서 언급한 것처럼 국제적으로 활약해온 피케티의 연구에 대한 예비지식이 영어권은 물론 세계적으로 이미 학계에서 공유되고 있었다는 점, 그리고 그들 가운데 노벨경제학상 수상자인 조지프 스티글리츠Joseph E. Stiglitz, 1943~와 폴 크루그먼Paul Krugman, 1953~이 영어판 출간 전부터 『21세기 자본』을 열렬히 지지했다는 점이 적지 않은 영향을 미쳤을 것입니다.

그렇습니다. 이미 기반은 완성된 상태였습니다. 오랫동안 경제학자는 물론 사회학자와 정치학자 사이에서도 그다지 관심을 받지 못했던 불평등, 특히 제2차 세계대전 이후의 고도성장을 경험한 선진국들의 국내적 불평등, 게다가 소수자에 한정되지 않은 '대중적' 빈곤에 대한 관심의 부활은 사실 20세기가 끝나가는 1990년대부터 착실하게 시작되고 있었습니다. 적어도 사회과학의 세계에서는, 그리고 저널리즘과 (크루그먼이 말하는) '정책 프로모터(학자, 지식인, 저널리스트, 관료를 불문하고 정책을 제안하고 판매하려는 사람들)'의 세계에서도 어느 정도는 '불평등 르네상스'라 부를 만한 조류가 20세기부터 21세기로 넘어가는 전환기에 확실한 형태를 갖추고 있었습니다. 피케티 역시 그러한 조류 속에서 학자로 성장했습니다.

그러나 피케티 연구에는 이렇게 이미 존재하던 두터운 기반의 경제 불평등론을 전 세계의 일반인들에게 알렸다는 것 이상의 의의가 있습니다. 피케티의 기초적인 자료 발굴에서 시작한 통계적인 실증 연구(『21세기 자본』은 그 성과를 학계가 아닌 일반인들에게 묻고 있습니다)는 1990년대 이후의 이른바 '불평등 르네상스' 속에서 반反주류까지는 아니더라도 분명 새로운 파문을 일으켰습니다.

그것이 무엇인지 알기 위해서는 당연히 1990년대 이후 경제학에서의 '불평등 르네상스'에 대한 설명이 필요합니다. 하지만 저는 여기에서 좀 더 거슬러 올라가 근본적인 시작부터 이야기를 풀어 나가고자 합니다. 하지만 현실문제 차원에서 '불평등의 탄생'은 다소 이해하기 어려운 주제입니다. 따라서 피케티적인 의미에서의 불평등, 즉 자본주의적 시장경제 속에서의 불평등, 자본주의적 시장경제에 참여해서 경제활동을 하는 사람들 사이에서 발생하는 수입과 소득, 부와 자산의 격차에 초점을 맞추겠습니다. 그리고 나아가 그런 시장이 초래하는 불평등의 실태 자체보다 그것을 해명하기 위한 학문, 특히 경제학의 역사를 주제로 삼겠습니다.

경제 불평등을 둘러싼 논의의 시작

——— 출발점은 2세기 반 정도 거슬러 올라간 18세기의 유럽, 이른바 계몽주의 시대입니다. 다시 말해 제네바에서 온 괴팍한 인물로 '프랑스혁명을 사상적으로 준비했다'는 말까지 듣고 있는 장자크 루소Jean Jacques Rousseau, 1712~1778와 '경제학의 아버지'라 불리는 애덤 스미스Adam Smith, 1723~1790의 논쟁—사실상 둘이 직접 대면한 적은 없고, 정확히 말하면 루소에게 감명을 받은 스미스가 그를 뛰어넘으려고 했던 것뿐입니다만—을 벤치마크로 삼겠습니다.

스미스는 1756년에 스코틀랜드의 서평지 《에든버러 리뷰》에 〈편집동인에게 보내는 편지〉를 기고해 당시 프랑스의 계몽사상, 이른바 『백과전서』로 대표되는 최신의 과학과 사상에 주목할 것을 설득했습니다. 그 글에는 루소의 이름도 등장하는데, 스미스는 과거 『리바이어던』의 토머스 홉스Thomas Hobbes, 1588~1679, 『통치이론』의 존 로크John Locke, 1632~1704 등이 전개한 자연법론과 통치론의 전통은 영국보다 오히려 프랑스에서 더 잘 계승되었고, 루소가 그중의 한 명이라고 말합니다.

스미스는 루소의 주장에 대해 "미사여구가 지나치며 분석에 도움이 되지 않는다"라고 혹평하면서도 상당히 열심히 소개하면서, 당시 막 간행된 루소의 출세작 『인간 불평등 기원론』을 길게 인용했습니다. 실제로 스미스의 『국부론』 원형이 된 『법학강의』에 수록된 '행정'론과 현존하는 초기의 초고 등을 고려하면, 어떤 의미에서 『국부론』은 루소의 『인간 불평등 기원론』을 논박하기 위한 것이었다고 충분히 해석할 수 있습니다. 다시 말해 루소가 사적 소유, 그에 입각한 분업, 시장경제하에서의 사회 불평등과 가난한 사람의 비참함에 대한 원인을 찾았던 데 비해, 스미스는 사적 소유와 시장경제가 불평등의 원인이라는 부분은 인정하면서도 그것이 반드시 비참한 결과를 초래하지는 않으며 오히려 그 반대라고 주장했습니다.

장 자크 루소의 『인간 불평등 기원론』

——— 먼저 『인간 불평등 기원론』을 살펴봅시다.

이 책이 홉스와 로크의 통치이론인 계약론적 국가론을 비판하고 있음은 분명합니다. 그러나 어느 쪽인가 하면 현실에 대한 해석론에 있어서는 그들의 주장을 대체로 수용하지만, 그에 대한 도덕적 평가를 역전시키고, 나아가 그들의 주장이 가지고 있는 추가적인 전제를 폭로함으로써 계약론적 국가론에서 벗어나고자 합니다. 아래에 소개한 『인간 불평등 기원론』 제2부 첫 부분의 내용은 그런 점을 여실히 드러내고 있습니다.

> 어떤 토지에 울타리를 둘러서 '이것은 내 것이다'라고 주장할 생각을 하고, 그것을 믿어버릴 정도로 단순한 사람들을 발견한 사람이야말로 정치사회의 진정한 창립자다. 말뚝을 뽑아내거나 도랑을 메우면서 이런 사기꾼이 하는 말은 듣지 말아야 한다. '열매는 모두의 것이며 대지는 어느 누구의 것도 아니라는 사실을 잊어버린다면 당신들은 파멸할 것이다.' 동포를 향해서 이렇게 부르짖은 사람은 얼마나 많은 범죄와 전쟁과 살인에서, 얼마나 많은 비참함과 공포에서, 인류를 구한 것인가. (『인간 불평등 기원론』 제2부)

루소에 따르면 사적 소유권 제도의 확립, 나아가 그로 인해 귀결되는 분업의 발전이야말로 인간사회에서 부유한 사람과 가난한 사람, 유력자와 무력한 서민 사이의 불평등을 가져오는 기본 원인입니다. 그리고 소유권의 질서가 확립되기 위해서는 반드시 집권적 통치권력인 국가가 성립되어야 합니다. 루소는 그러한 국가의 수립은 소유권의 확립을 추구하는 사람들의 합의와 협력, 다시 말해 '사회계약'을 통해서 이루어진다는 홉스의 주장을 거의 기본골격 그대로 수용합니다. 차이점은 홉스나 로크와는 달리, 루소는 그것을 불쾌한 일로 해석한다는 점입니다.

루소는 왜 인간들은 소유권 확립을 원하며, 그러기 위해서 국가를 수립하려고 하는지에 대한 홉스와 로크의 주장에는 충분한 근거가 있다고 인정합니다. 생존과 자기보존을 추구하는 인간이 자신의 생계 기반인 재산의 안전을 추구하는 것은 당연하다고 말합니다. 그렇기 때문에 루소는 사회계약의 부정, 국가의 부정, 법과 질서의 부정이 아니라 더 나은 국가, 더 나은 사회계약의 가능성을 추구하며, 『사회계약론』에서 국가체제와 헌법을 논하고 나아가 『정치경제론』에서는 행정까지 논하고 있는 것입니다.

애덤 스미스의 『국부론』

——— 그러나 어쨌든 루소가 인간사회, 그중에서도 문명사회에서의 불평등을 초래하는 근본적인 원인을 국가권력이 뒷받침하는 소유권 제도에서 찾고 있음은 명확합니다. 그 점에 있어서는 스미스 역시 루소와 크게 다르지 않습니다. 스미스는 『국부론』에서 다음과 같이 주장했습니다.

> 재산의 안전을 확보하기 위해 설치되는 한, 정부는 사실상 부자를 가난한 사람으로부터 보호하기 위해서 또는 어느 정도의 재산을 소유한 사람들을 전혀 그렇지 못한 극빈자들로부터 보호하기 위해서 설치된 것이다. (『국부론』 제5편 제1장)

그러나 한편으로 스미스는 다음과 같은 주장도 했습니다.

> 유럽 군주의 살림살이가 아무리 근면 검약한 농부의 살림살이를 능가하더라도, 그 격차는 이 농부의 살림살이가 수만 명에 이르는 헐벗은 야만인들의 생명과 자유를 절대적으로 지배하는 아프리카 여러 왕후들의 살림살이를 능가하는 정도보다 크지 않다는 것은 사실이다. (『국부론』 제1편 제1장)

루소는 소유권 제도의 확립에 따른 결과로 '불평등'에 주목했습니다. 그러나 스미스는 홉스나 로크와 마찬가지로 소유권이 확립됨으로써 사람들이 안심하고 개인재산을 활용할 수 있고 노동과 투자에 전념할 수 있다는 점, 나아가 생활수준이 향상되는 점을 더 중요하게 생각합니다. 그리고 타인과의 거래를 재산 활용 범위에 포함시킴으로써 소유권 제도의 절대적인 효과를 강조합니다. 법과 질서가 존재하기 때문에 사람들은 개인재산에 대한 안전은 물론이고 타인과의 거래에 대한 안전까지 보장받을 수 있다는 것입니다. 예를 들어 거래의 발달은 불필요한 물건을 서로 교환하게 해줌으로써 사람들이 고립된 상태에서는 불가능한 사회적 차원의 효과적인 재산 활용을 촉진합니다. 그뿐 아니라 교환을 통해서 사람들은 각자 가장 자신 있는 직업에 특화되고 전념하게 되며, 결과적으로 사회 전체의 생산력은 점점 올라갑니다.

그렇게 사회 전체의 생산력이 올라가면, 국가권력이 법과 질서를 확립하고, 법과 질서를 바탕으로 상업거래가 발전한 문명사회에서는 루소가 주장한 대로 불평등이 확대됩니다. 그렇지만 불평등한 사회의 밑바닥에 자리한 사람들의 생활은 '절대적'으로 개선됩니다. 이에 따라 스미스는 '상업이 발달하지 않은 사회의 가장 부유한 사람들보다도 확실히 그들은 나은 생활을 하고 있지 않은가?'라고 문제 제기를 합니다.

'성장인가? 격차인가?' 논의의 원형

——— 지금까지의 내용을 정리하면, 루소는 불평등의 기원을 일단 소유권 제도의 확립(그것을 뒷받침하는 국가권력의 성립)에서 찾습니다. 스미스는 루소의 논의를 직접적으로는 부정하지 않았지만, 소유권 제도의 결과로 확립된 불평등이 상업거래와 시장경제의 발전 때문에 더욱 확대될 가능성이 있다고 지적했습니다. 그러나 한편으로는 '그 같은 불평등은 성장, 그리고 성장이 가져다주는 최하층을 포함한 사람들의 생활 개선과 병행해 일어나기 때문에 큰 문제는 아니지 않을까?'라는 질문을 던집니다. 소유권 제도, 나아가 그것을 기반으로 하는 상업과 시장경제가 루소가 비판하는 불평등을 초래하는 것은 틀림없는 사실이지만, 동시에 사회 전체의 최저수준을 끌어올리고 있다고 말입니다. 이는 오늘날의 '성장인가? 격차인가?' 논쟁의 원형으로 생각할 수 있습니다.

물론 스미스가 직접 이러한 문제 제기를 하지는 않았습니다. 그러나 루소에 대한 그의 도전을 조금 다르게 해석해보면 다음과 같은 문제 제기가 가능합니다.

설사 현재의 불평등이 완화되었다 하더라도 그것이 소유권 제도와 시장경제에 대한 규제를 통해서 이루어졌으며 게다가 그것이 오히려 생산력의 감퇴를 초래했다면? 무엇보다 그것이 부유한 사람은 물론 가난한 사람의 생활수준까지 저하시키는 것이라면? '모두 다 함께 가난해지는' 형태의 불평등 해소가 되어버렸다면?

이러한 논쟁을 현대철학에서는 '수준 저하의 이의leveling down objection'라고 부릅니다. 이에 대해서는 뒷부분에서 자세하게 살펴보겠습니다. 스미스가 직접 '수준 저하의 이의'를 루소에게 제기한 것은 아니지만 사실상 이 논쟁의 선구자로 간주할 수 있을 것입니다.

성장과 불평등 완화라는 트레이드오프 상황

——— 다시 한번 내용을 정리해봅시다. 일본을 예로 들어 생각해보면, 일국 차원에서 경제 불평등에 대해 논할 때 일본의 국내 경제를 움직이는 제도는 기본적으로 사적 소유권 제도의 기반 위에 성립된 자유로운 시장경제라고 전제합니다. 그런 전제에 입각해 경제사회 전체적으로 물적 자원, 노동력, 지식 같은 각종 자원들을 효율적으로 활용하기 위해서는, 그리고 경제성장과 평균적인 생활수준 개선을 달성하기 위해서는 소유권과 시장의 규칙이 지켜지는 상태에서 자유로운 경쟁이 지속되는 것이 바람직하다고 여겨지기도

합니다.

그러나 시장에서의 자유로운 경쟁은 노력한 사람이 그에 합당한 성과를 올린(투입한 비용에 합당한 수익을 얻은) 결과로서의 격차뿐 아니라, 순전히 운과 불운으로 인한 성과 차이에 따른 격차도 발생합니다. 다시 말해 시장의 자유로운 경쟁을 방치해두면 사회의 불평등이 확대될 수 있다고 보는 것입니다.

그렇기 때문에 격차와 불평등을 줄여나가기 원한다면, 자유로운 시장경쟁에 대해 어떤 식으로든 제한을 하거나 개입해야만 합니다. 그러나 시장에 대한 과도한 개입이 경쟁을 약화하고, 자원의 효율적인 활용과 기술혁신과 생산력 상승을 둔화하거나 절대적인 저하를 초래한다면, 격차의 시정과 불평등의 완화를 통해서 추구하던 목표인(적어도 가장 중요한 하나) 최하층 사람들의 생활수준 개선 자체도 실패하게 될 것입니다. 따라서 '양립하기 어려운' 이러한 트레이드오프 상황 속에서 어떻게 균형을 잡을 것인지는 어려운 문제입니다. 자본주의 사회 내부의 불평등에 대한 설명은 종종 이런 구도를 취합니다. 큰 성공을 거둔 토마 피케티의 경우에도 어느 정도는 그렇다고 할 수 있습니다.

극단적으로 표현하면 '성장인가? 격차 시정인가?' '성장과 불평등 완화의 트레이드오프'라고도 할 수 있는 이러한 논쟁의 원형은 대략적으로 말하면 앞에서 언급한 루소와 스미스의 가상논쟁을 바탕으로 성립되었다고 할 수 있습니다. 그러나 그것을 당시의 문맥에서 조금 더 넓은 시야로 살펴보면, 그 안에는 시장경제의 전제가 되는 법과 질서의 문제, 그리고 그와 관련해 경쟁시장에 의해 창출된 것과는 또 다른 종류의 불평등과 경제성장의 문제가 존재한다는 것도 알 수 있습니다.

그리고 실은 이러한 종류의 문제들은 오늘날의 세계에서도 변함없이 중요한 의미를 가지고 있습니다. 다시 말해 피케티가 주제에서 일부러 제외한 세계적인 국가 간의 불평등, 선진국과 도상국의 격차에 대해 고찰하기 위해서는 그러한 문제들과 연결지어 생각할 필요가 있습니다.

이 책의 구성

——— 이 책의 전체적인 구성을 간단히 소개하겠습니다.

이어지는 1장과 2장에서는 스미스와 마르크스에 초점을 맞춥니다. 그들은 경제학에서 말하는 넓은 의미에서의 고전파적 전통, 생산과 분배, 경제성장과 불평등 사이에 불가분의 관계가 존재한다고 생각했습니다. 물론 자본주의적 시장경제에 대해 스미스는 긍정하고 마르크스는 비판하지만, '소득과 부의 분배는 생산과 경제성장에 영향을 준다'는 인식은 공유합니다.

그러나 19세기 말쯤 출현해 오늘날의 주류가 된 신고전파 경제학에서는 생산의 문제와 분배의 문제를 분리해서 논합니다. '소득과 부의 분배와 상관없이 시장이 효과적이라면 사회 내부의 자원은 효율적으로 활용되고 최대의 생산이 달성된다'는 인식이 기준이 되어 분배 문제에 대한 관심은 경제학의 주 무대에서 물러나게 됩니다. 신고전파의 시조로 여겨지는 경제학자들은 사회 문제, 특히 노동자의 빈곤에 대해 적극적인 관심을 갖고 있었는데도 말입니다. 얼핏 난문처럼 보이는 이 문제를 푸는 것이 3장과 4장의 과제입니다.

그런데 20세기 말이 되자 경제학 내부에서 다시 한번 생산과 분배의 관계에 대한 문제의식에 불이 붙기 시작합니다. 특히 기술혁신 투자와 인적자본에 주목했을 때 '생산과 분배는 반드시 관계가 없는 것이 아니다, 소득과 부의 분배가 단기적인 생산과 장기적인 경제성장에 영향을 줄 수 있다'는 인식이 확산됩니다. 젊은 날의 피케티는 이러한 시대배경(이 책에서는 '불평등 르네상스'라고 부릅니다) 속에서 경제학자가 되었습니다. 5장부터 8장까지는 신고전파의 틀 안에서 일어난 고전파적 문제 관심의 복권을 둘러싼 정황에 대해서 설명합니다.

이러한 내용을 바탕으로 9장에서는 피케티의 연구가 '불평등 르네상스' 중에서도 새로운 전개를 시도하고 있다는 점에 대해서 『21세기 자본』에 입각해 살펴보고, 나아가 앞으로의 논의 동향에 대한 전망을 제시합니다.

01

'자본주의'의 발견

애덤 스미스와 고전파 경제학

애덤 스미스의 참신성
—'생산요소시장' 발견

——— 앞 장에서 '벤치마크는 루소와 스미스!'라고 큰소리쳤으니 스미스에 대해서 조금 더 살펴보도록 하겠습니다.

스미스 『국부론』의 어디가 어떻게 획기적이었는지에 대한 이야기를 시작하면 한도 끝도 없습니다. 그러나 '보이지 않는 손' 발상, 가격변화를 통해서 수요와 공급의 균형을 잡는 시장체제의 분석 같은 경우는 물론 과거에 비해 상당히 체계화되긴 했지만, 스미스가 고안한 것은 아닙니다. 농작물과 공업제품이 상거래의 대상이 되고, 그 과정에서 경쟁적 가격체제가 기능한다는 점에 대해서는 스미스 이전에도 이미 논의되고 있었습니다. 여기서 주목할 점은 후대에서 말하는 '생산요소시장'을 스미스가 확실히 제시했다는 점입니다.

스미스의 참신성은 어떤 제품을 만들어내기 위해서 투입되는 자원 중에서도 중간제품이나 원재료를 제외한 생산력의 근본적인 원천으로서 인간의 '노동', 인간이 생산할 수 없는 자연인(그럼에도 인간에게 소유의 대상이 되는) '토지', 그리고 '자본'(스미스는 결국 그 정체를 파악하지 못한 것 같습니다만)이라는 3요소를 발견하고, 그것들이 시장에서 각각 거래된다고 주장한 점입니다.

스미스가 생각한 '노동'의 개념

——— 조금 더 자세히 살펴보면, 일반제품과는 구별되는, 즉 생산요소로서의 노동, 자본, 토지에 주목한 자체도 이것이 스미스의 독창적인 발상인지에 대해서는 애매한 부분이 있습니다. 이 같은 주장에 있어서 경제학설사와 사상사에서는 주로 '중농주의'의 범주로 분류되는 부르봉 왕조 말기의 재무장관 자크 튀르고Anne Robert Jacques Turgot, 1727~1781가 스미스의 선구자로 확실히 자리를 잡고 있습니다. 굳이 스미스가 튀르고보다 먼저 제시한 주장을 꼽는다면, 첫째는 이들 생산요소시장을 가격체제로 해석한 점, 둘째는 경제를 곡물이나 철, 농업이나 공업 등의 구체적이고 개별적인 물자나 산업, 기술의 질서로 파악하지 않고 더 추상적이고 일반적인 질서로 생각한다는 점일 것입니다.

이 두 번째 성격은 다소 이해하기 어려울 테니 보충설명을 하겠습니다. 먼저 '노동'의 경우, 스미스가 문제로 삼고 있는 것은 농업 현장에서의 농사일, 가축을 돌보거나 감독하는 일, 또는 제조업 현장에서 숙련된 장인의 수작업이나 감독, 노동자의 단순작업 같은 여러 구체적인 작업과 일이 아닙니다. 그러한 모든 종류의 작업과 일은 아무리 그 종류가 다양해도 결국 똑같은 인간이 하는 일입니다. 수작업의 경우에 짐을 운반하는 일이나 밭의 잡초 뽑기 같은 단순작업은 구체적인 신체운동으로는 다른 종류의 일이지만 시간당 피로의 정도 등으로 측정하면 거의 동일한 일—동일한 휴식이나 영양보급으로 보상할 수 있는 일—, 다시 말해 동일한 '노동'으로 간주할 수 있습니다. 좀 더 복잡하고 예비지식이나 훈련이 필요한 일이라면, 그렇게 간단하게 동일시 또는 등가시할 수 없을지도 모릅니다. 그러나 훈련이나 습득에 필요한 비용을 돈과 시간 등의 동일한 척도로 측정할 수 있다면, 역시 같은 종류의 '노동'으로 환원할 수 있습니다.

스미스가 임금이라는 가격으로 거래되며, 시장에서 그 수급이 조정된다고 생각했던 '노동'은 따지고 보면 이러한 추상적이고 일반적인, 응분의 훈련을 받으면 누구나 가능한 '노동'으로, 이런저런 구체적인 '일'이 아닙니다. 이러한 내용은 '토지'와 '자본'의 경우에도 100퍼센트 그대로 적용됩니다. '자본'의 내용물을 살펴보면 생산설비(고정자본)나 원자재 · 중간재 · 제작 중인 제품 등의 재고, 또는 현금(유동자본)과 같은 잡다하고 구체적인 사물의 집합입니다. 그러나 그것들은 모두 금전적인 가치로 평가되고, 시장에 투자되어 금전적인 가치를 낳는다는 점에서 '동일한' 성질의 사물입니다.

스미스는 이러한 의미를 갖는 '노동' '자본' '토지'가 경쟁적 시장에서 개별적으로 거래되며, 가격체제에 따라 그 수급의 균형을 이룬다고 파악했습니다. '노동'의 가격은 임금, '자본'의 가격은 이자, '토지'의 가격은 지대인 셈입니다.•

사회의 3대 계급 –지주, 자본가, 노동자

——— 스미스가 그 원형을 제공한 이후 19세기 데이비드 리카도David Ricardo, 1772~1823와 존 스튜어트 밀John Stuart Mill, 1806~1873, 나아가 카를 마르크스Karl Heinrich Marx, 1818~1883까지 계승되는 근대적인 시장경제, 마르크스주의의 표현을 빌리면 '자본주의'의 이미지는 대

• 여기서 쉽게 알아차릴 수 있는 사실은, 적어도 '자본'과 '토지'에서 스미스가 문제로 삼고 있는 것은 대상 전체의 교환과 매매가 아니라 임대차라는 점입니다. 다시 말해 그 점을 고려해서 이해한다면, '노동' 또한 대상 전체가 상품으로 매매되는 것이 아니라 오히려 대차의 대상이라고 생각할 수 있습니다. 그러나 스미스는 이 점에 대해서는 그다지 자세히 다루지 않습니다. 그보다 후세의 모든 경제학 역사가 이 문제를 거의 놓치고 있었다고 할 수도 있습니다. 그러나 이 문제에 대해서는 일단 뒤로 미루도록 하겠습니다.

략 여기에서 완성됩니다. 그것은 단순한 시장경제가 아닙니다. 사람들이 만들어내고, 써버리면 없어지는 것만이 상품은 아닙니다. 그러한 상품을 만들어내는 데 사용되지만 그 자체는 반드시 소비되는 것이 아니라 내구성을 가지고 남아 있는 자산·자본이나 토지 또한 시장을 통해 거래되는 상품입니다(노동 역시 그러한지에 대해서는 일단 보류해두겠습니다). 그리고 모든 사람들이 이 시장 안에서 살아가는 사회는 각 개인이 가지고 있는 자산의 종류에 따라 구성됩니다. 다시 말해 사회는 토지를 소유하는 지주, 자본을 소유하는 자본가, 노동을 소유하는(또는 가진 것이 아무것도 없는?) 노동자라는 3대 계급으로 나뉩니다.

여기에서 '토지'의 총량은 자연이 부여한 것으로, 인간의 힘으로 생산할 수 없기 때문에 변하지 않는다고 가정합니다. 그러면 거래를 통해 양이 변할 수 있는 것은, 다시 말해 인간이 생산하거나 소비할 수 있는 것은 '자본'과 '노동'뿐입니다. '자본'은 당연히 그렇다고 쉽게 이해할 수 있지만, '노동' 역시 마찬가지라고 하면 고개를 갸웃거릴지도 모릅니다. 그러나 스미스는 『국부론』에서 임금이라는 가격 변화에 대응해 노동 공급이 기존 노동의 '재고조정', 즉 노동 시간과 작업량의 증감에 그치지 않고 '생산조정', 한마디로 노동인구 그 자체의 증감에 따라 변하는 모습을 묘사하고 있습니다.

노동에 대해 풍족한 보수가 지급되면 하층계급 사람들은 아이들에게 좋은 옷과 음식을 줄 수 있다. 그 결과 여러 명의 아이들을 기를 수 있게 되기 때문에, 증식에 대한 한계는 자연스럽게 넓어지고 또한 연장될 것이다. …… 만약 이러한 수요가 끊임없이 증가한다면, 노동의 보수는 필연적으로 노동자의 결혼과 증식을 자극해 끊임없이 증대되는 수요를 끊임없이 증대되는 인구로 틀림없이 충당할 수 있을 것이다. 만약 보수가 이러한 목적에 필요한 금액보다 적다면 반드시 인력부족은 머지않아 보수를 끌어올릴 것이며, 또한 노동의 보수가 필요한 금액보다 크다면 그들의 과도한 증식이 멈추지 않아 필요한 비율까지 보수를 끌어내릴 것이다. 시장은 한편으로는 노동이 그만큼 공급부족이고, 다른 한편으로는 그만큼 공급과잉이다. 이러한 과부족은 노동의 가격을 사회가 필요로 하는 적당한 비율로 금세 되돌릴 것이다. 이런 방식으로, 인간에 대한 수요는 다른 모든 상품에 대한 수요와 마찬가지로 필연적으로 인간의 생산을 좌우한다. 다시 말해 그것이 지나치게 천천히 진행되는 경우는 가속시키고, 또는 그것이 지나치게 빠르게 진행되는 경우는 정지시키는 것이다. (『국부론』 제1편 제8장)

알기 쉽게 다시 설명하면, 임금이 올라가면 결혼의 시기가 빨라지고 증가합니다. 아이들이 늘어 인구도 증가하고 노동공급도 증가합니다. 반대로 임금이 정체되어 있거나 내려가면 자녀계획은 억제되고 노동공급도 줄어든다는 이야기입니다. 너무 뻔한 내용이지만, 의외로 근대 영국의 현실에 적용된다는 사실이 이후의 역사연구를 통해 밝혀졌습니다. 임금 동향과 결혼 동향 사이에는 어떤 관계가 존재했던 것 같습니다.

그러나 이것을 '노동수급(나아가서는 인구 그 자체)의 조정체제'라고 부르기에는 속도가 너무 느리다, 또는 시차가 너무 크다고 생각하는 사람도 있을 것입니다. 맞는 말입니다. 단지 여기에서 강조하고자 하는 것은 그것이 아닙니다. 스미스가 여기에서 발견한, 그리고 이후의 계량적 역사연구로도 증명된 사실은 임금상승, 나아가 노동자의 소득상승은 생활수준의 향상보다 오히려 생산력의 상승과 인구증가로 이어진다는 체제입니다. 여러분은 이러한 체제에서 오히려 『인구론』의 토머스 맬서스Thomas Robert Malthus, 1766~1834라는 이름을 떠올릴 것입니다. 그러나 이것은 스미스를 비롯한 맬서스, 리카도 등의 이른바 '고전파 경제학' 전체에 일관적으로 계승된 인식입니다.•

• 스미스와 리카도 모두 '노동자의 임금이 올라가서 생활수준이 올라가는 것은 좋은 일이다'라고 생각했습니다. 그러나 상승에는 한계가 있으며, 실제로 임금은 그러한 '자연적인 수준' 근처에서 오르내리는 것에 불과하다는 냉철한 인식을 가지고 있었습니다. 리카도는 맬서스의 인구론을 상당히 심각하게 받아들였습니다. 그는 맬서스와 마찬가지로 당시 구빈법을 통해서 이루어진 빈곤자에 대한 생활부조가 노동시장의 인구조절체제를 왜곡하고, 인구과잉 및 저임금과 빈곤을 낳는다고 비판했습니다. 리카도는 인구 억제에 대한 공헌이라는 관점에서도 노동자의 생활수준 향상은 바람직하다고 판단했습니다. 이 점에 있어서는 제법 선견지명이 있었지만, (후세의 표현을 빌리면) 인적자본이라는 발상까지는 다다르지 못한 것으로 보입니다.

자본주의하에서 노동자의 한계

——— 스미스로부터 맬서스, 리카도David Ricardo, 1772~1823 그리고 그들의 비판자인 마르크스에게 계승된 것은 '임금상승과 노동자의 소득향상에는 한계가 있으며, 생존수준을 유지하는—간신히 생계를 유지하고 자손을 남기는—이상의 수준은 될 수 없다'는 인식입니다. 이것은 반대로 생각해보면 '투자와 자본축적의 주체는 어디까지나 자본가'라는 뜻이기도 합니다. 다시 말해 '노동자가 임금 수입의 일부를 저축해 자본을 창출해서 자본가가 된다'는 가능성은 개별적인 예라면 몰라도 대량 현상으로는 무시할 수 있는 정도라고 생각했습니다. 후세의 표현을 빌리면 '인적자본'이라는 발상도 아직 미미했다고 할 수 있습니다. '자본', 다시 말해 물건과 유형자산으로 존재하는 자본재와 달리 노동은 사용하면 소모됩니다. 임금은 그 소모를 보전하기는 하지만 그 이상의 무엇을 부가할 수는, 즉 노동자의 능력을 높일 수는 없다는 뜻입니다.

그에 비해 '자본'은 단기적으로는 조금 감소돼도 완전히 소모되지는 않습니다. 이런 이유로 자본가는 돈을 벌고, 자기생활을 위해서 이윤을 전부 소비하지 않고 저축과 투자로 돌릴 수 있습니다. 수입의 일부를 저축으로 돌릴 여유가 있다는 점은 지주도 마찬가지입니다. 그러나 고전파 경제학의 시각에서 '토지'는 인간이 생산도 소비도 할 수 없는 '자연'입니다. 다시 말해 투자의 대상이 아닙니다. 토지 개량의 투자는 '토지' 그 자체의 개량이 아니라 '토지'에 '자본'을 부가하는 것으로 간주되었고, 투자 주체인 지주는 오히려 자본가로서 행동한다고 여겨졌습니다.

결국 불평등은, 앞에서 살펴본 루소적인 구도에서는 소유권 제도하에서의 가진 사람과 못 가진 사람의 불평등으로 정식화되었습니다. 그런데 스미스 이후의 고전파 경제학에서는 더 나아가 자본주의하에서 축적된 부로서의 자본을 소유하고 있는지의 여부, 자본축적의 주체인지 아닌지 여부로 다시 정식화되었습니다. 물론 이것이 동일한 불평등 현상을 각각 다른 방식으로 해석한 것인지, 아니면 서로 다른 종류의 불평등 현상에 대한 것인지에 대해서는 신중하게 생각해볼 필요가 있습니다. 그러나 이 이후 19세기부터 20세기까지 자본주의 경제하의 불평등 현상은 기본적으로 이러한 스미스 이후의 틀을 기준으로 삼고 있습니다. 하지만 그 틀에는 아직 중요한 부분이 빠져 있습니다. 그것은 바로 지속적인 생산성의 향상, 즉 기술혁신입니다.

다음 장에서는 스미스와 리카도의 경제이론을 계승하면서 그것을 자본주의적 시장경제와 자본가 계급이 지배하는 사회를 비판하기 위해서 전용하려 했던 카를 마르크스에 대해 살펴보겠습니다. 마르크스가 중요한 이유 중 하나는 '기술혁신(이라고 후세에 불리게 되는 현상)'에 관한 최초의 본격적인 이론가였다는 점입니다.

물론 마르크스는 자본주의와 시장경제의 과격한 비판자이며 혁명가였습니다. 일반적으로 격차와 불평등을 논할 때는 루소보다도 마르크스가 회귀해야 할 시원적 사상가로 강조되었습니다. 그렇다면 이 책의 논점에서는 그를 어떻게 평가할 수 있을까요?

02

‘노동력’이라는 상품

기술혁신에 관한 최초의 이론가, 카를 마르크스

마르크스의 선구성
— '노동력'의 발견

——— 앞에서 살펴본 것처럼 스미스의 주장을 바탕으로 자본주의하에서의 불평등론 구도의 전체적인 틀이 성립되었다면, '스미스, 나아가 고전파 경제학과 마르크스 사이에는 어떤 차이가 있는가?' 하는 의문이 당연히 떠오를 것입니다.

우선 굳이 마르크스의 '훌륭함'을 꼽는다면, 먼저 경제학에 한정하지 않고 종합적인 사회과학과 역사철학의 체계를 연구대상으로 삼았다는 점을 들 수 있습니다. 그러나 스미스, 그리고 경제학자라고는 할 수 없지만 마르크스와의 관련성을 고려하면 철학자 헤겔 Georg Wilhelm Friedrich Hegel, 1770~1831 역시 장대한 체계구상을 가지고 있었습니다. 애초에 전문적으로 분화된 사회과학이 성립되기 이전이기 때문에 종합적이고 체계적이라는 특징 자체가 반드시 훌륭함의 근거가 되는 것도 아닙니다.

이 책의 맥락에서 마르크스의 '훌륭함'을 문제로 삼는다면, 1장의 마지막에서 언급한 '기술혁신' 문제를 제외하면 그것은 역시 헤겔철학에서 도입한 '소외'라는 시각일 것입니다. '소외'라는 단어 자체는 주로 미발표 원고에서 보입니다. 생전에 공식적으로 출간된 저서에서는 거의 삭제되었지만, 『자본론』의 '노동력'이라는 단어에는 분명히 이런 사상이 투영되어 있습니다.

'노동력'이라는 착상 그리고 '노동력상품'이라는 개념은 바로 자본가와 노동자 사이의 불평등을 설명하기 위해 도입됐습니다. 자유로운 시장에서의 거래는 일반적으로 쌍방의 자발적인 합의에 기반을 두고 있습니다. 따라서 그곳에서 교환되는 것들은 당시의 가격이 동일합니다. 그것은 자본가가 노동자를 고용하는 경우도 마찬가지입니다. 그런데 이상한 점은 한쪽은 점점 이익을 축적하는데, 다른 한쪽은 계속 가난하다는 것입니다. 이유는 무엇일까요? 마르크스는 그 비밀을 '노동력상품'이라는 특이한 성질에서 찾았습니다.

중요한 점은 '노동력'은 노동하는 능력 및 노동이 발생하는 원천으로 상정되어 노동이라는 행위 자체와 구별되어 있다는 점입니다. 이미 앞에서 스미스 이후의 경제학적인 '노동'의 개념은 이런저런 구체적인 일이나 작업과는 구별된, 좀 더 추상적이고 일반적인 대상이라고 지적했습니다. 이러한 구별은 마르크스에게도 '구체적인 유용노동'과 '추상적인 인간노동'의 구별로 계승되었습니다. 그러나 마르크스는 추가적으로 '노동'과 '노동하는 능력' 및 '노동의 원천'을 구별했습니다. 그리고 매매되고 거래의 대상이 되는 것은 실은 '노동'이 아니라 '노동력'이라고 주장했습니다. 어째서 그렇게 주장한 것일까요?

'노동가치'로 '착취'를 파악하다

——— 첫째, 양적인 차원의 문제입니다. 마르크스에 따르면 고용거래에서 매매되는 것은 노동이 아니라 노동력상품입니다. 임금은 겉보기(대부분 시간이나 성과처럼 '노동력'이 아닌 '노동'에 대응해 지불된다)와는 달리, 노동의 대가가 아니라 노동력의 대가입니다. 그렇다면 그 대가는 어떻게 결정될까요?

마르크스에 따르면 상품의 가격은 단기적으로는 시장에서의 수급으로 결정되지만, 장기적으로는 그것을 생산하는 데 필요한 비용에 따라 결정됩니다(이것은 스미스와 리카도를 계승해 발전한 사고방식입니다). 비용의 내역으로 생각할 수 있는 것들은 생산에 투입된 재료의 비용, 생산에 사용된 자본설비와 토지임대료, 노동자에게 지불된 임금 등입니다. 여기에서 한 단계 더 나아가, 일단 토지를 제외하면 재료와 자본설비 역시 인간이 생산한 것이기 때문에 그 비용의 내역을 고려해 거기에 투입된 재료, 자본설비, 노동비용 등을 생각할 수 있습니다. 이런 과정을 계속 반복하면 이론적으로 한 상품을 생산하는 데 직간접적으로 투입된 노동(정확히는 노동력)의 총량을 상정할 수 있습니다. 그리고 노동 기반으로 환산한 비용도 상정할 수 있습니다.

이렇게 '노동 기반으로 환산한 비용'을 '노동가치'라고 부를 수 있습니다. 이것은 순수하게 이론적인 추상관념입니다. 현실의 경제에는 나타나지 않으며, 일반적으로 상품이 실제로 시장에서 거래되는 가격과는 차이가 있지만, 분명한 규칙 관계가 존재합니다.

이런 '노동가치'라는 정체 모를 추상적인 개념을 상정해야 하는 이유는 대등한 거래에 따른 불평등의 발생, 즉 마르크스적인 의미에서의 '착취'를 파악하기 위해서입니다. 한마디로 인간이 생산한 상품에 대해서는 해당 가격과는 별도로 총 노동 투입량, 다시 말해 '투하노동가치'를 계산할 수 있습니다. 그렇다면 노동력상품의 '투하노동가치'는 무엇일까요? 마르크스는 스미스 이후의 전통을 따라 '생존유지에 필요한 비용'이라고 생각했습니다.

예를 들어 아버지 혼자서 노동으로 부인과 자식을 부양한다면 몇 명분의 생활비라고 할 수 있습니다(부인과 자식의 임금노동을 계산에 넣으면 더 낮아질 수도 있습니다). 일반 노동자의 임금이 그 생계를 유지하는 데 필요한 수준을 크게 밑돈다면 사회는 성립할 수 없습니다. 그렇기 때문에 임금의 '자연적인 수준'은 표준 가족의 생계비와 대체로 일치하는 경향을 보입니다. 이것이 마르크스가 말하는 '임금은 노동력상품의 가격이다'의 의미입니다. 나아가 생계비의 실제 항목을 생각해보면 의식주와 교양오락 등에 지출하는 돈으로, 결국 구입하는 식량과 의류 등의 상품군, 오락 등의 서비스 같은 구체적인 모습이 떠오릅니다. 다시 말해 마르크스가 생각하는 '노동력상품의 투하노동가치'는 '노동자(가족)가 일반적인 생활 속에서 구입하고 소비하는 상품 총체의 투하노동가치'라고 할 수 있습니다.

마르크스의 주장은 이러한 '노동력상품의 투하노동가치'와 '노동력상품이 창출하는 총노동가치'의 양이 전혀 다르다는 것입니다. 일반적으로는 후자는 전자를 상회할 것입니다. 그렇지 않다면 자본가는 노동자를 고용해도 이익을 낼 수 없습니다. 거시적으로 말하면 사회가 존속될 수 없습니다.

매우 단순하게 노동의 양을 시간으로 측정하면 이렇게 됩니다. 어떤 1명의 노동자가 창출하는 노동가치가 하루에 8시간 분량이라고 가정해봅시다. 그렇다면 그 노동자의 노동력상품의 노동가치, 즉 생계를 유지하는 데 필요한 상품총량의 노동가치는 어느 정도일까요? 마르크스에 따르면 그것은 결코 8시간을 넘지 않습니다. 5시간 또는 6시간, 어쨌든 8시간보다 적어야 합니다. 그렇지 않다면 자본가는 결코 이익을 얻을 수 없습니다. 다시 말해 이러한 양자의 차이, '노동력상품의 투하노동가치'와 '노동력상품이 창출하는 총노동가치'의 차이가 바로 마르크스가 말하는 '잉여가치'이며 자본가의 수익(이윤)의 원천인 셈입니다.

마르크스는 숫자에 밝지 못했습니다. 게다가 당시의 수학은 마르크스가 구상한 경제의 수학적 모형을 만들 수 있을 정도로 발전한 단계가 아니었습니다. 따라서 마르크스 주장의 옳고 그름을 따지기 이전에 애초에 제대로 된 의미를 가진(옳고 그름이 명확하게 결정되기 때문에 옳고 그름에 대한 논쟁에 의미가 있는) 것인지 아닌지를 좀처럼 알 수 없었습니다. 마르크스 경제학 체계의 수리모델은 100년 정도 지나서 20세기 후반에 만들어지기 시작합니다.

노동착취와 이윤의 상관관계

——— 그 과정에서 알게 된 사실은 마르크스 주장의 상당 부분이 이치에 맞는다는 점, 그러나 정작 가장 중요한 부분에서는 그렇지 못하다는 점이었습니다. 먼저 표준적인 사례의 경우, 플러스 잉여가치가 플러스 이윤의 필요충분조건—전자는 후자가 성립될 때만 성립한다—이라는 점, 다시 말해 노동의 착취가 존재하지 않는다면 이윤도 존재하지 않고, 또한 이윤이 존재한다면 노동착취도 일어나고 있음이 사실로 밝혀졌습니다(이것을 '착취에 관한 기본정리' '마르크스의 기본정리' 등으로 부릅니다). 그러나 밝혀진 또 다른 사실은 '착취'의 성립이 딱히 노동에 한정된 것이 아니라는 점이었습니다.

마르크스가 노동을 특별하게 생각한 이유는 인간이 경제적인 가치를 부여하는 대부분의 대상이 인간의 노동을 통해 만들어진 것이기 때문입니다. 다시 말해 다른 요소들과 달리 노동은 거의 모든 상품에 투입되기 때문이었습니다. 그래서 마르크스는 노동을 다른 요소들과 달리 사물에 경제적 가치를 부여할 수 있는 특별한 대상, 즉 가치의 원천이며 그렇기 때문에 잉여가치의 원천이기도 하다고 생각했습니다. 그러나 이것은 일종의 착각이었습니다. 경제학적으로 제대로 정식화한다면, 특히 직접적은 물론 간접적인 투입에 대해서 고려한다면, 대부분의 상품을 생산할 경우에는 지극히 많은 상품이—다른 상품은 물론 그 상품 자체를 포함해서—투입되는 것이 일반적입니다.

다시 말해 직접적이지 않은 노동에 의해 생산된—그러나 생산에 사용된 원재료나 자본에는 노동이 투입된— 상품일지라도 그 '투하노동가치'를 상정할 수 있습니다. 예를 들어 해당 공정에서 직접적으로는 연료, 원료, 촉매 등 어떤 형태로도 석유가 사용되지 않은 상품일지라도 재료를 공장으로 운반해오는 차량의 연료로 휘발유가 사용되는 등의 형태로 간접적으로는 석유가 투입되었을 것입니다. 이 경우 '투하석유가치'를 계산할 수 있습니다.

이론상으로는 거의 모든 상품에 대해서, 거의 모든 상품의 '투하상품가치'를 계산할 수 있습니다. 그리고 일반적인 자본가의 사업에서 이익이 발생하며, 이윤이 플러스가 되고, 그것이 경제 전체에서 성립되는 것, 다시 말해 오늘날의 경제와 적어도 질과 규모가 동일한 경제가 내일 이후에도 재생산되고 존속되기 위해서는 노동을 기반으로 측정한 잉여가치의 착취는 물론, 다른 모든 상품의 경우에도 그 상품을 기반으로 측정한 잉여가치의 착취가 존재하는 것이 필요충분조건임이 논증되었습니다.

다시 말해 경제 전체에서 노동력을 포함한 어떤 상품 X를 선택해 살펴봤을 때 '투하X가치'가 1미만, 즉 X 1단위를 만드는 데 직간접적으로 필요한 X의 양이 1단위 미만이라는 것이 자본가들이 총체적으로 이익을 올리고 경제가 전체적으로 존속되고 성장한다는 것과 동일한 의미이며 서로 필요충분조건이었던 셈입니다(이것을 '일반화된 상품의 착취정리'라고 부릅니다).

이렇게 되면 '노동이 경제적 가치의 원천이다'라는 마르크스적인 교설은 단순한 착각이나 망상으로 추락해버립니다. 그뿐 아니라 '그럼에도 불구하고 노동을 담당하는 노동자가 노동하지 않는 자본가에게 부당하게 착취당하고 있으며, 그러한 착취를 등가교환의 노동력 매매라는 겉모습으로 위장하고 있다'는 착취이론에 따른 자본주의 비판도 상당부분 설득력을 잃어버립니다. 그렇지만 여전히 '자본가는 수입 면에서 자신이 노동한 이상의 노동가치(를 투입한 상품)를 얻을 수 있지만, 노동자는 자신이 노동한 양보다 적은 노동가치(를 투입한 상품)밖에 얻을 수 없다'는 의미에서는 분명히 '노동착취'가 성립됩니다. 노동이 단지 '모든 상품의 경제적 가치의 원천'이 아니라, 인간의 복지나 사회적 정의에서 중요한 의미를 갖는다고 전제하면 (예를 들어 '일하지 않는 자는 먹지도 말라' 등의 도덕원리를 주장하는) 착취이론은 의미를 잃지 않을 것입니다. 그러나 마르크스주의가 처음에 주장했던 '노동가치설'은 더 이상 근거가 없습니다.

마르크스가 '노동력'의 존재를 주장한 이유는?

——— '노동가치설'의 권위가 실추된 오늘날, 오히려 중요한 것은 제2의 질적인 측면입니다. 다시 말해 마르크스는 노동과 노동력은 근본적으로 전혀 별개의 것이며 매매되고 있는 것은 사실 노동력이지만 사람들은 그것을 알아차리지 못하고 있으며 자본가 등의 고용주와 고용된 노동자도 자신은 노동을 매매한다고 착각하고 있다는 대단히 기묘하고 과격한 주장을 펼치고 있습니다. 이 부분에 대해서 좀 더 자세히 살펴보도록 합시다.

앞의 1장에서 애덤 스미스에 대해 살펴봤을 때 이미 문제점은 드러나 있었습니다. 스미스는 자본과 토지의 거래 가격은 대상 전체에 대한 매매가격이 아니라 어디까지나 임대차에 대한 사용료인 이자와 지대라는 확실한 개념을 가지고 있었습니다. 이에 비해 노동과 임금의 경우에는 그 부분이 확실히 정의되지 않았습니다. 애초에 노동이 통째로 매매되는 것인지 아니면 토지나 자본처럼 임대차되는 것인지 자체에 대해서 확실한 결론을 내리지 않았습니다.

기본적으로 법률(사법, 재산법) 그리고 법학의 세계에서 매매, 임대차, 고용은 일단 서로 구별되는 거래 유형입니다. 그러나 사실 경제학에서는 그 구별이 애매모호합니다. 간략하게 설명하면, 스미스 이후의 경제학에서 매매의 기본형은 쌍방의 자발적인 합의에 기반을 둔 교환으로 이해하고 있으며, 경제학의 중심 대상인 대규모 시장경제에서는 화폐와 돈이라는 매체를 사용한 교환으로서의 매매가 중심입니다. 그리고 임대차는 토지와 자본 같은 대규모 자산의 일시적 사용권리라는 상품의 매매로 간주됩니다(그러나 이 유추는 민법에서 말하는 소비임차, 전형적으로는 이자를 받고 돈을 빌려주는 경우에는 성립되지 않습니다. 여기서는 이 경우는 제외하겠습니다). 고용이나 청부 등의 노동 거래 또한 그러한 변칙적인 '매매(노동자가 제공하는 서비스라는 상품의 매매)'라는 개념으로 논의되었습니다. 그러나 실은 그와 관련된 유추는 제대로 완결되지 않았습니다.

다시 말해 토지나 자본의 사용에 대한 보수가 지대나 이자라면, 노동에 대한 보수는 임금이라고 할 수 있습니다. 하지만 노동의 경우에 토지 본체의 가격(지가)이나 자본 전체의 가격(주식회사를 예로 들면 주가총액 또는 기업가치)에 대응하는 것은 무엇일까요? 아니 애초에 그런 대상 전체의 가격을 적용할 수 있는 대상은 대체 무엇일까요? 스미스도, 그 이후의 대부분의 경제학자도 이 문제에 대해서는 깊이 다루지 않았습니다.

어떤 의미에서 마르크스는 이러한 유추를 철저히 파헤치려고 했던 것 같습니다. 하지만 공교롭게도 마르크스는 노동력은 '자본'이 아니라 '상품'이라고 말합니다. 즉 마르크스는 토지나 자본과는 달리 노동력은 팔리면 소모되는 것이라고 생각한 것입니다. 이 부분에 대해서는 『자본론』만으로는 알기 힘들지만, 마르크스 생전에 출판되지 않았던 『자본론』의 초고 『정치경제학 비판 요강』에서는 조금 더 확실하게 언급하고 있습니다.

'노동력' 또한 '노동'과 마찬가지로 소모되어 사라져버리는 것이라면 그것을 굳이 '노동'과 구별할 필요가 있을까요? 물론 마르크스는 앞에서 살펴본 착취이론을 주장했기 때문에 분명히 '있다!'고 생각했습니다. 그러나 착취이론의 가치가 사라져버린 오늘날의 우리는 더욱 회의적이 될 수밖에 없습니다. 그렇지만 저는 마르크스가 '노동력'이라는 존재를 주장했다는 사실에는 여전히 의미가 있다고 생각합니다.

이것이 무슨 뜻인지, 일본의 경제역사학자 우치다 요시히코内田義彦가 매우 간단하게 설명해줍니다.

> 노동자는 노동력에 대한 처분권은 가지고 있지만 노동에 대한 처분권 따위는 전혀 가지고 있지 않다. 거짓말이라 생각되면 직장에서 본인이 직접 노동을 자유롭게 처분해보라. 처분되는 것은 당신 자신일 것이다. 노동을 자유롭게 처분하는 주체는 자본이다. 근대적인 공장으로 바뀌

면 바뀔수록 확실히 그렇게 된다. (우치다 요시히코, 『자본론의 세계(資本論の世界)』, 1966, 78쪽)

결국 고용에 있어 노동자는 노예, 말하자면 기한제 채무노예인 계약고용인의 연속선상에 존재하며 어떤 일정한 제약 아래서 고용주에게 신상을 지배당하는 존재입니다. 단적으로 말하면 고용주와 고용인의 관계는 비대칭적 지배종속관계인 신분관계입니다. 그러나 신분관계라고는 해도 그것은 고대나 중세의 이른바 신분제사회의 노예제나 농노제에 대해서 상정하는 것처럼 처음부터 사람들이 자유인 신분과 노예 신분으로 나뉘고 노예는 자유인의 재산으로 소유되어 매매나 대차의 대상이 되는 것과는 다릅니다. 근대적인 고용은 그것과는 또 다른 형태로 사람에게 자유와 부자유(타인의 지배에 대한 복종) 사이를 왕복하게 하는 장치입니다.

마르크스의 눈에 비친 동시대를 포함한, 근대적인 시민사회의 고용관계가 상정하고 있던 것은 신분적으로 동일한 '시민'끼리 자발적인 계약에 의해 어떤 제한의 범위 내에서 신분관계를 맺는 것입니다. 이로 인해 자발적인 계약이라는 형식을 통해서, 그러나 독립된 장인에게 삯일을 부탁할 때처럼 개별적으로 이런저런 구체적인(계약으로 미리 명시할 수 있는) 일을 부탁하는 것이 아니라 노예나 집안 고용인처럼 다양한 일을 임기응변으로 고용주의 뜻에 따라, 즉 사전에 계약으로 구체적으로 명시하지 않고 시킬 수 있습니다.

마르크스가 '고용에서 매매되고 있는 것은 노동이 아니라 노동력상품이다'라고 주장한 이유 중 하나는 '자본가와 노동자가 노동을 등가교환으로 거래하고 있다면, 자본가의 이윤은 어디에서 발생하는가?'라는 질문에 답하기 위해서였습니다. 그러나 이것이 전부는 아닙니다. 그것은 또한 '노동이 노동자의 자유의지에 의거해 거래되고 있다면, 어째서 그것은 노동자가 아니라 고용주의 의지에 따라 지배되는가?'라는 의문에 대한 답이기도 합니다. 앞에서 살펴본 것처럼 전자의 질문은 이미 설 곳을 잃었지만, 후자는 상당히 끈질기게 이어지고 있습니다. 단, 이러한 문제의식이 본격적으로 주목받기 시작한 것은 20세기 후반입니다. 선진국의 고도경제성장이 가져온, 오래전에 기아의 공포에서 해방된 '풍요로운 노동자'의 '소외'라는 문제가 주목받는 시대까지 기다려야 합니다.

기술혁신이 실업자를 계속 만들어낸다?

——— 다시 한번 양적인 문제로 되돌아갑시다. 마르크스가 노동과 노동력을 구별하면서 노동력을 '상품'(현대의 경제학 개념으로 표현하면 '유량flow')으로 파악하고 '자본'('저량stock')으로 보지 않았다는 것은 이미 설명했습니다. 다시 말해 마르크스는 스미스, 맬서스, 리카

도와 마찬가지로 임금 상승에는 명확한 한계가 있다고 생각했습니다. 그러나 마르크스는 그 이유를 다른 곳에서 찾았습니다.

스미스, 맬서스, 리카도에 따르면 임금이 노동자의 최저 생존수준을 크게 넘지 않는 주된 이유는 임금과 수입이 오르면 빨리 결혼하고 보다 많은 아이를 낳아서 그것이 결국 노동공급을 증가시킨다는 노동자 계급의 행위behavior입니다. 그러나 마르크스는 이러한 고전파적 노동시장론(인구이론) 발상을 거부했습니다. 우선은 객관적인 사실 판단보다는 다분히 도덕적이고 정치적인 이유 때문이었지만, 거기서 그치지 않고 그 대체이론을 확실하게 준비했습니다. 이른바 '산업예비군론' 또는 '상대적 과잉인구론'입니다.

산업예비군은 한마디로 실업자를 의미합니다. '상대적 과잉인구'라는 말에는 사회전체의 생산력은 사람들을 부양하고 생존시키기에 충분하다, 즉 인구는 '절대적 과잉'이 아니므로 실업자는 그저 단순한 노동수요의 과잉에 불과하다는, '상대적 과잉'이라는 의미가 담겨 있습니다. 결국 맬서스주의 비판입니다. 자본주의 경제하에서는 대체적으로 항상 일정한 수 이상의 실업자가 존재하며, 그들의 존재가 임금에 대한 사하중死荷重, 즉 임금 인하 압력이 되고 있다는 것이 마르크스의 주장입니다. 그렇다면 어째서 자본주의에서는 항상 실업자가 존재할까요? 그것은 결국 오늘날 '기술혁신'이라 부르는 것 때문입니다.

자본주의 경제에서는 치열한 경쟁이 자본가에게 항상 경영합리화 압력을 가합니다. 그리고 자본가들은 최대한 비용을 절감하기 위해 노력합니다. 그러기 위해서는 물론 그저 단순히 노동을 강화하는—노동시간을 늘리고, 임금을 내리고, 노동밀도를 높이는—방법도 있습니다(이것을 마르크스는 '절대적 잉여가치의 생산'이라 부릅니다). 그러나 노동자의 격렬한 반발을 사게 됩니다. 이 때문에 그들은 기술혁신으로 생산성을 높이려 합니다. 산업혁명 이후 자본주의에서 투자와 자본축적은 그저 단순히 사업 규모를 확장하기 위해서가 아니라 오히려 기계화 등을 통해 생산성을 높이기 위한 목적으로 이루어졌습니다(이것은 '상대적 잉여가치의 생산'입니다).

그러나 기술혁명을 통해서 생산성을 높일 때 예상할 수 있는 결과 중에는 '전과 동일한 물건을 더 적은 인력으로 생산할 수 있게 되었으니 인력을 줄이자'라는 선택이 있습니다. 매상이 변하지 않는다면 충분히 가능한 선택지입니다. 굳이 말할 필요도 없이 인력을 줄이는 온건한 방법은 노동시간 단축이고, 그보다 과격한 것은 해고입니다. 이처럼 자본주의 경제에서는 치열한 경쟁이 기업으로 하여금 언제나 기술혁신을 위해 노력하게 만들고, 그 결과 실업자를 계속 만들어낸다는 것이 마르크스의 대략적인 주장입니다. 이것과 경기순환, 즉 호황과 불황이라는 파도의 영향이 더해져 자본주의 경제하에서는 언제나 상당수의 실업자가 유지되고 일자리를 찾고 있어서 임금을 계속해서 생존수준의 최저경계로 끌어내리고 있습니다.

마르크스는 불황기는 물론, 끊임없는 합리화와 노동력 절감 때문에 호황기에도 실업자는 사라지지 않는다고 주장하고 싶어 했지만 그 주장을 논증하지는 못했습니다. 다시 말해 호황기에 노동수요가 증가해도 합리화를 통한 노동수요 감소로 인해 상쇄되며 오히려 감소는 증가를 능가할 수밖에 없다는 주장을 설득력 있게 펼치지는 못했습니다.

불평등의 원인은 '자본축적'이다

——— 그럼 이쯤에서 스미스에서 마르크스까지의 흐름을 간단히 정리해봅시다. 스미스의 단계에서 이미 논의의 기본 형태가 성립되었습니다. 한마디로 자본주의 경제, 즉 일반적인 의미로서의 상품은 물론 노동, 자본, 토지까지 시장체제의 지배를 받는 사회에서 경제적인 불평등을 만들어내는 중심적인 체제는 결국 자본축적과 경제성장입니다. 스미스 이후의 이른바 고전파 경제학자들도, 그리고 스미스를 비판적으로 계승한 마르크스도 주장의 핵심은 축적하고 투자하는 주체는 어디까지나 자본가라는 점이었습니다. 고전파 경제학적인 의미에서의 '토지'는 정의상 투자해도 가치가 올라가지 않으며, 투자한다는 점에서 지주는 오히려 경제학적인 의미

에서의 자본가처럼 행동합니다. 한편으로 고전파와 마르크스가 각기 다른 이유를 제시하기는 했지만, 노동자의 경우에는 임금이 생존수준을 상회하는 일은 거의 없고 축적(투자)할 여유도 없습니다. 이렇게 노동자는 자신의 몸뚱이 하나, 소유한 노동력 하나로 돈을 벌 수밖에 없기 때문에 투자를 통해 수입의 밑천이 되는 수입원을 늘려갈 수 있는 자본가(와 자본가를 겸하는 지주)와 노동자의 격차는 장기적으로 점점 벌어진다고 전망할 수 있습니다. 다시 말해 고전파 경제학을 이어받아 마르크스가 개척한 시각에서는 경제적인 격차와 불평등은 동태적인 현상이며, 장기적인 경제성장 문제와 분리해서는 이해할 수 없습니다.

이렇게 2장을 마무리지어도 괜찮지만, 두 가지 설명을 덧붙이도록 하겠습니다.

먼저 스미스 · 맬서스적인 인구조정 체제에 대한 설명입니다. 노동은 통째로 매매되는가? 아니면 그 서비스만 임대차되는가? 이 문제에 대해서 고전파 경제학자들은 명확한 결론을 내리지 못했습니다. 그러나 뒤늦은 깨달음이지만 현대 경제학의 관점에서는 이렇게도 해석할 수 있습니다. 다시 말해 그들이 묘사한 세계에서 노동공급의 주체는 노동자 개인이 아니라 가족이라고 말입니다. 가족을 단위로 상정한다면, 새롭게 아이를 낳아 기르는 일은 일종의 투자로 이해할 수 있습니다.

경제학을 정책평가의 도구로 간주하고, 도덕적 관점도 넣어서 사회 복지수준의 좋고 나쁨을 평가하는 입장을 취하면, 그런 '투자'를 하더라도 향상되는 것은 오직 '가족' 단위의 복지수준입니다. 개인 기준에서는 향상되었다고 볼 수 없기 때문에 이러한 '투자로서의 자녀계획'에는 냉담해질 수밖에 없습니다. 그러나 객관적이고 냉정한 실증분석의 시점에서는 충분히 있을 수 있는 관점입니다. 실제로 현대 경제학에서는 일반적인 생활자를 본보기로 삼을 때, '노동자'나 '소비자' 개인보다 오히려 '가계' 단위로 파악하는 경향이 있습니다.

기술혁신의 사상가 마르크스

——— 다른 한 가지는 마르크스에 대한 설명입니다. 지금까지 살펴본 마르크스의 위대함은 노동과 노동력의 구별을 시도한 점도 있지만, 역시 후세 사람들이 말하는 '기술혁신'의 중요성에 주목한 점을 꼽을 수 있습니다.

물론 보는 관점에 따라서는 스미스와 리카도 역시 영국 산업혁명의 동반자로서 시장경제가 창출하는 혁신에 대해 논했다고 볼 수 있습니다. 그러나 스미스가 『국부론』에서 묘사한 내용은 아직 수공업에 머물러 있었습니다. 리카도는 마르크스보다 먼저 기계가 실업을 만들어내는 가능성을 언급했지만, 본격적인 생산성 상승이 지속된다는 것은 예상하지 못했는지 장기적으로 경제성장은 토지의 제약에 부딪혀 정지할 것이라 전망했습니다. 성장은 생산성 상승에 따른 것이 아니라 오로지 자본가의 거듭되는 축적으로 발생하며 토지가 희소해질수록 지대가 올라서 성장의 성과를 지주에게 빼앗기기 때문에 성장은 벽에 부딪힌다고 말입니다. 이러한 리카도의, 그리고 밀에게도 공유된 전망을 마르크스는 단호하게 '부정'했습니다. 그리고 지금으로서는 마르크스의 예상대로 흘러가고 있습니다. 기술혁명에 따른 자원의 이용효율 향상은 자연의 유한성이라는 벽과의 거리를 여전히 유지해주고 있습니다.

한편, 마르크스는 노동시간을 분석할 때 노동자의 저항이나 국가의 공공정책(19세기의 공업법)에 따른 노동시간규제에 대해서 자세하게 언급하고, 나아가 '상대적 잉여가치의 생산' 등의 개념에서 볼 수 있듯이 이러한 노동자의 저항이 자본가를 합리화와 기술혁신으로 이끄는 원인이 되기도 한다고 주장했습니다. 다시 말해 마르크스는 노동자의 힘에 대해서는 다소 일관성 없는 상반되는 주장을 펼쳤습니다. 마르크스는 말하자면 '사적 소유와 시장경제 사회에서는 뭔가 대단히 불공정한 일이 일어나고 있는 것이 아닐까?'라는 루소적인 사상을 계승했습니다. 그러나 '사적 소유와 시장경제는 일찍이 없던 생산력 향상을 달성했다'는 스미스적인 인식에 입각해서 더 높은 수준의 형태로 불평등에 대한 비판을 시도했습니다. 때문에 자본주의사회 속에서 노동자는 구조적으로 계속 불리한 입장에 놓여 있으며 무력할 수밖에 없다는 주장을 펼칩니다. 산업예비군론의 임금수준 저하론에는 그런 주장이 반영되어 있습니다.

그러나 마르크스의 목표는 노동자 계급의 편에 서서 자본주의를 타도하는 일이었기 때문에 노동자를 무력한 존재로만 묘사할 수도 없었습니다. 결론적으로 임금인상의 한계를 지적하면서도 스미스와 맬서스가 주장하는 인구이론은 받아들이지 못하고 마르크스 나름의 상대적 과잉인구론을 내세울 수밖에 없었습니다. 노동시간 단축과 관련된 노동운동과 사회정책의 성과에 대해서도 직접적으로는 부정할 수 없었습니다.

20세기 후반 이후 분배론의 핵심 중 하나는 노동자 계급의 축적(투자) 가능성이라고 할 수 있습니다. 다음 장에서는 오늘날 표준 경제학의 원류가 된, 이른바 '신고전파 경제학'의 창시자들이 동일한 가능성에 주목했다는 사실에 대해서 살펴보도록 하겠습니다. 얼핏 역설적으로 보이지만(곰곰이 생각해보면 당연한 일입니다만), 자본주의사회 속에서 노동자 계급이 발전할 가능성에 대해서 낙관적이었던 것은 마르크스보다 앨프리드 마셜Alfred Marshall, 1842~1924, 윌리엄 스탠리 제번스William Stanley Jevons, 1835~1882 같은 신고전파의 시조들이었습니다.

03

누구나 자본가가 될 수 있다

앨프리드 마셜과 신고전파 경제학

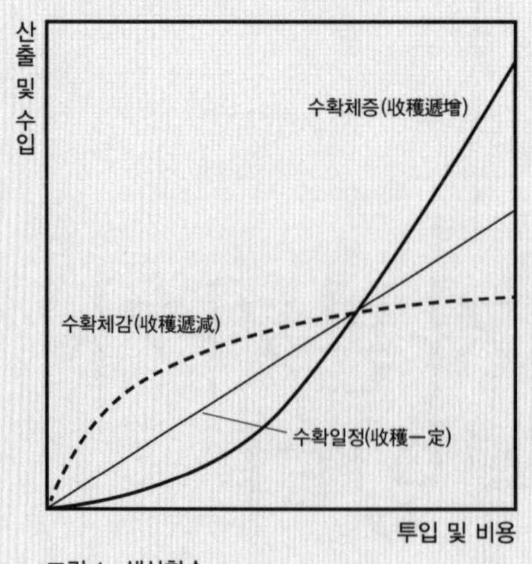

그림 1_ 생산함수

민주화 시대와
신고전파 경제학의 성립

——— 지금까지는 말하자면 '고전'적인 경제학에 대해 살펴봤지만, 이제부터는 한층 현대적인 주제로 넘어갑니다. 내용이 조금 복잡하니 집중해서 읽어주세요.

첫째, 마르크스 시대 이후에 경제학은 큰 전환을 맞이했습니다. 19세기부터 20세기 초에 걸쳐 오늘날 주류파 경제학의 토대, 이른바 '신고전파 경제학'이 성립됩니다. 그 뒤로 당분간 경제학은 주류파를 중심으로 하는 비非마르크스파와 마르크스파라는 두 파벌로 갈라져 교섭 없는 시대로 들어갑니다. 이 책에서는 신고전파를 이야기의 축으로 삼으면서 마르크스파도 어느 정도 함께 살펴볼 예정입니다.

둘째, 마르크스 사후 시대도 역시 전환기였습니다. 그 이후의 경제학뿐 아니라 과학과 사상 전체 그리고 현실세계도 스미스를 시작으로 마르크스가 동시대인으로서 투쟁하던 시대—역사가 에릭 홉스봄의 말을 빌리면, 시민혁명과 산업혁명 그리고 그 이후의 혼란이라는 '혁명의 시대'—와는 다른 국면에 접어들었다고 할 수 있습니다.•

이 시대는 극단적으로 말하면 유럽 각국에서 민주화가 진행된 시대입니다. 마르크스를 포함해 19세기의 사회주의자 사이에서 폭력혁명론이 뿌리 깊게 자리 잡고 있었던 것은 당시 유럽 국가들의 정치가 전혀 민주적이지 않았기 때문입니다. 다시 말해 인구의 대다수를 차지하는 서민, 노동자, 빈농에게는 처음부터 선거권과 정치

• 예를 들어 스미스, 맬서스, 리카도, 밀 그리고 마르크스 등의 고전파 경제학의 영웅들을 살펴보면, 이 중에서 '대학교수'라고 부를 수 있는 사람은 스미스뿐입니다. 그런 스미스도 당시의 대학이 학문의 중심이 아니라는 사실에 실망해서 대귀족의 가정교사로 직업을 바꿨습니다. 리카도는 주식매매가이자 중의원 의원, 밀은 동인도회사에 근무했고 중의원 의원의 경력도 가지고 있었습니다. 맬서스는 성직자였습니다. 18세기부터 19세기에 이르는 발흥기의 경제학은 아직 대학을 거점으로 삼지 않았고, 무엇보다 이 시대의 영국 대학은 학문연구의 거점이라고는 할 수 없는 상태였습니다. 프랑스도 사정은 비슷했습니다. 18세기 계몽주의 영웅들의 거점은 귀족의 살롱이었고, 학문연구의 거점도 대학과는 별도의 조직인 아카데미였습니다. 그런 상황 속에서 독일은 비교적 예외였는데, 마르크스는 그런 독일에서 대학교수가 되지 못하고 언론인이 되었다가 혁명가로 돌아선 인물입니다. 그러나 19세기 말이 되면 사정이 상당히 달라집니다. 독일의 이른바 '훔볼트 이념'에 의거한 대학개혁, 다른 국가로의 파급에 의해 대학이 상류계급 자녀의 교육기관에서 교육뿐 아니라 학술연구의 거점으로 재편성되기 시작했고, 그런 새로운 대학 안에서 경제학도 착실히 지반을 굳혀나갔습니다. 19세기 후반 이후의 주요 경제학자는 대부분 대학교수였습니다. 초기 신고전파를 이끌었던 영국의 윌리엄 스탠리 제번스와 앨프리드 마셜, 프랑스의 레옹 왈라스, 오스트리아의 카를 멩거, 미국의 존 베이츠 클라크는 모두 대학교수입니다.

참여의 권리가 없었기 때문입니다. 그러나 19세기 말에는 마르크스의 영향을 받은 사람이 포함된 노동조합이나 사회주의 정당의 존재감이 커지고, 그 압력의 영향 때문인지 선거권의 폭이 넓게 확대됩니다. 그 결과 독일에서는—당시 독일제국에서는 처음부터 의회의 정치적 권한이 낮았다고는 해도— 19세기가 끝나기 전에 사회민주당이 의회의 제1당이 되었습니다.

이러한 시대 분위기 속에서 노동자와 사회주의자의 요구로, 또는 그것을 견제하기 위해서 유럽 각국에서 뒤에 복지국가로 이어지는 일련의 사회개혁과 정치전환이 일어나기 시작합니다. 구체적으로는 노동조합의 합법화, 의료보험과 노령연금 등의 사회보장제도 구축, 나아가서는 무상의무교육제도가 확립됩니다. 격차의 시정과 완화가 정치과제가 되기 시작한 것입니다.

앞서 이름을 언급한 신고전파 개척자의 대다수는 이러한 새로운 시대의 사회개혁과 관련이 깊은 개량주의자였습니다. 마셜과 제번스는 과거 고전파가 주장한 '작은 정부'론과는 거리를 두고 노동문제와 사회문제에 대한 적극적인 정책적 개입을 제창했으며, 레옹 왈라스Marie Esprit Léon Walras, 1834~1910는 스스로를 '사회주의자'라고 인정했습니다. 그들은 불평등과 분배문제에 대해 결코 무관심하지 않았습니다.

그럼에도, 아니 그렇기 때문인지 그들이 만들어낸 신고전파 경제학은 적어도 겉보기에는 고전파 경제학에 비해 분배문제에서 냉담하고 중립적인 구조를 가지게 되었습니다.

19세기부터 형성되기 시작한 신고전파 경제학은 어떤 것이었을까요? 오늘날의 시점에서 되돌아보며 이것을 정리하려면 어떤 점에 주목해야 할까요? 얼핏 주제에서 멀어지는 것처럼 보이지만, 역시 고전파 경제학의 특징을 지금 다시 한번(그러나 조금은 다른 시점에서) 복습하고 고전파와 대비해봄으로써 신고전파의 특징을 파악해봅시다.

고전파 경제학과 신고전파 경제학의 차이

——— 고전파 경제학에서는 3대 생산요소로 노동, 자본, 토지라는 3가지 요소가 이미 정식화되어 있었지만, 굳이 말하자면 분석의 초점은 노동과 자본에 맞춰져 있었습니다. 앞에서 살펴본 것처럼 경제성장의 원동력은 어디까지나 자본축적이라고 생각했기 때문입니다. 역동적인 시장체제에 맞춰서 축적하고 성장하는 것은 자본과 노동이며, 토지는 그에 비하면 수동적인 존재로 취급되었습니다. 그러나 한편으로는 자본과 노동의 축적과 성장에 최종적인 제한을 부과하는 것도 토지였습니다. 토지문제는 고전파 경제학에서 논의의 초점은 아니었지만 전체적인 논의의 한계를 설정하는 존재로서 결코 작지 않은 존재감을 가지고 있었습니다.

토지는 원칙적으로는 아무리 자본을 투자하고 노동을 투입해도 생산할 수 없는 '자연'으로 파악되었습니다. 그러한 대상인 토지는 자본이나 노동과 마찬가지로 시장에서 거래되더라도 역시 그 거래 방법, 특히 가격형성 체제에서 자본이나 노동과는 분명한 차이가 생깁니다.

일반적인 상품은 물론이고 자본과 노동 역시 현재의 재고가 시장에서 매매되고 단기적인 거래 동향이 장기적인 생산에도 영향을 미칩니다. 수요가 부족해 팔리지 않고 남은 상품은 다음 분기에는 생산되지 않아 결국 생산라인 자체가 축소됩니다. 반대로 수요가 과잉인 경우에는 생산력도 증강됩니다. 단기적인 자본부족과 노동부족은 이자나 임금의 상승을 통해서 장기적인 투자와 노동공급, 나아가서는 인구의 증가까지 유도한다는 뜻입니다.

그러나 토지의 경우에는 수요가 과잉이라고 해서 간단히 공급을 늘릴 수 없습니다. 지구상의 토지는 한정되어 있기 때문에 장기적으로는 언젠가 한계치에 이르게 됩니다. 즉 고전파 경제학에서는 '토지의 거래시장은 토지의 총량, 토지 그 자체의 생산에 영향을 미칠 수 없기 때문에, 단지 기존의 토지를 거래할 수밖에 없다'는 발상이 강하게 자리 잡고 있습니다.

그렇다면 토지의 가격(임대차 가격으로서의 지대 또는 총체로서의 지가 모두)은 어떻게 결정된다고 생각했을까요? 여기서 토지는 전형적으로 농업의 생산수단으로 간주되었습니다. 또한 토지개량 등을 목적으로 하는 토지에 대한 투자는 토지 자체의 성질과 가격을 변화시키는 것이 아니라 어디까지나 토지와 일체화된 자본이라고 생각했습니다. 그렇다면 토지에 투입된 자본 가격을 제외한 토지 자체의 순수한 가치가 토지 가격의 기준입니다. 인간의 손길이 더해지기 이전의 토지의 가치는 자연적인 성질로 결정된다고 여겨졌습니다. 관개나 토양개량을 하기 이전의 손대지 않은 단계에서도 토지마다 다양한 차이가 존재하기 때문에 경작에 유리한 토지와 그렇지 않은 토지, 처음부터 많은 수확을 기대할 수 있는 토지와 그렇지 못한 토지라는 차이가 존재합니다. 그런 차이가 토지 가격의 차이를 낳습니다. 그러나 그러한 가격 차이는 인간의 노력(노동이나 투자)으로 창출된 것이 아니기 때문에 그것을 인간세계에 포함시켜 구체적인 경제적 가치를 부여할 때도 그저 수요와 공급의 균형에 의해서만 결정됩니다.

내용을 정리하면, 고전파 경제학에서는 자본과 노동 그리고 인간이 생산한 대부분의 물건 가격은 단기적으로는 시장에서의 거래, 수요와 공급의 균형에 따라 결정된다고 생각합니다. 하지만 장기적으로는 그 생산비용에 의해, 즉 그것을 만드는 데 어떤 자원이, 더 구체적으로는 토지, 자본, 노동이 어느 정도 필요한지라는 생산기술적인 구조에 따라 결정된다고 생각합니다(이것이 이른바 '노동가치설'의 기본적인 발상입니다).

간단히 설명하면 고전파 경제학에서는 토지 가격이 수요와 공급에 의해서만 결정된다고 생각합니다. 그에 비해서 자본과 노동 그리고 대부분의 상품 가격은 단기적으로는 물론 수요와 공급에 의해서 결정되지만, 장기적으로는 경제 전체의 생산기술과 (노동력을 고려하면) 사람들의 소비생활 구조에 의해서 결정된다고 생각합니다. 그렇기 때문에 장기적으로는, 다시 말해 인간사적으로는 지구상의 토지가 유한하다는 요인이 전체적인 큰 틀을 제약한다고 해도 당장의 인간적인 규모의 시간대에서는 자본과 노동의 운동이, 즉 인간적인 생산력이 경제의 운동인 자본축적과 경제성장을 결정한다고 생각합니다.

그렇다면 신고전파는 고전파의 발상과는 반대되는 주장을 펼치고 있다고 할 수 있습니다. 고전파 경제학이 자본과 노동을 주역으로 경제를 생산 중심으로 파악했다면, 신고전파는 경제를 교환 중심으로 파악합니다. 그리고 고전파가 관심의 초점을 자본과 노동에 맞추고 가격형성을 생산기술과의 관련으로 파악하는 데 비해 신고전파는 시장과 가격체제를 자본과 노동을 대량으로 투입한 생산물의 거래가 아니라 인간은 생산할 수 없는 토지의 거래를, 말하자면 패러다임과 기준틀로 파악하려 한다고 할 수 있습니다. 거래와 생산의 관계에서도 고전파가 생산을 주主, 거래를 종從으로 파악하는 경향이 있다면 신고전파는 그 반대입니다. 신고전파는 자연물이든 인공물이든 사물에 경제적 가치가 부여되어 가격이 매겨지는 것은 어디까지나 사람이 그것을 원하고 거래하기 때문에, 즉 수요와 공급이 있기 때문이라고 일관되게 주장합니다.

또한 다른 의미에서도 신고전파는 자본과 노동보다는 오히려 토지를 이론의 준거점으로 삼고 있다고 할 수 있습니다. 그것은 '수확체감'이라는 발상이며, 이 개념을 이해하기 위한 '한계분석'이라는 방법입니다(신고전파 경제학의 성립을 경제학설사에서는 '한계혁명'이라고도 부릅니다).

'수확체감'이란 무엇인가?

'수확체감diminishing return, 收穫遞減'은 우선 농업을 염두에 두고 생각하면 다음과 같이 설명할 수 있습니다. 일정한 면적과 일정한 환경에서 토지에 노동이나 자본을 투입해서 경작하고 농작물을 기르는 경우 투입을 더 늘리면 수확은 늘어나지만 증가추세는 점차 둔화될 것입니다. 이것이 수확체감입니다. 물론 노동이나 자본(볍씨와 비료 등의 유동자본, 역축(役畜, 농사를 짓고 수레를 끄는 일 따위에 부리어 쓰이는 가축), 농업기계와 토지개량 같은 고정자본)의 투입은 비율이 동일한 상태에서 동일한 조건의 토지를 새롭게 농작대상으로 삼는다면 증가추세는 둔화되지 않고 수확은 투입한 양에 비례해 증가합니다.

이 같은 논의의 큰 틀을 확립한 사람은 리카도입니다. 리카도부터 마르크스까지는 이러한 '수확체감'은 기본적으로 농업의 특징이라고 생각했습니다. 그리고 경제학적 사고의 초점은 자본과 노동, 특히 마르크스의 경우에는(투입자원으로 토지에 대해서 그다지 고민할 필요가 없는) 공업으로 옮겨갔습니다. 아무래도 리카도나 마르크스는 공업에는 이 수확체감이 적용되지 않는다고 생각했던 것 같습니다. 생산기술이 일정하면 노동이든 자본(보다 구체적으로는 다양한 재료나 생산설비)이든 투입의 조합은 엄격하게 결정되어 있기 때문에, 예를 들어 자본이 일정한 상황에서 노동의 투입만 증가할 경우에는 아무런 효과가 없다(반대의 경우도 역시 마찬가지로, 자본을 구성하는 다양한 재료와 설비의 경우에도 마찬가지이다)고 생각했습니다.

이것을 그럴싸하게 표현하면 '자본과 노동 사이에 대체성이 존재하지 않는다'라고 할 수 있습니다. 다시 말해 노동이 부족하니까 대신 그만큼 자본 투입을 늘려서 보충하는(또는 그 반대) 일은 불가능하다는 뜻입니다. 그러나 토지의 경우에는 이러한 고정성이 존재하지 않는다고 상정했습니다. 토지와 그 이외의 생산요소, 여기서는 자본과 노동에 대해서만 생각해보면, 앞에서 살펴본 것처럼 기술적으로 결정된 일정한 조합(볼품없는 표현이지만 이제부터 '자본-노동세트'라고 부르겠습니다) 사이에는 일정한 대체성이 존재하며, 한쪽이 줄어도 다른 쪽을 늘리면 동일한 생산성을 유지할 수 있다는 의미입니다. 단, 그 대체효과는 무한하지 않으며 점점 떨어진다고 보았습니다. 즉 처음에는 토지 1단위의 부족을 '자본-노동세트' 1단위로 보충할 수 있었지만 토지 2단위의 부족에 대해서는 2 이상의 '자본-노동세트'가 필요하다(또는 그 반대)고 생각한 것입니다.

이러한 '토지에 관한 수확체감'이 존재한다는 사실은 농업에 있어 (고전파가 상정하기에) 공업과 비교했을 때 어떤 큰 차이를 불러왔습니다. 다시 말해 투입에 비례해 생산이 증가하는 공업의 경우에는 만약 시장의 제약이 없고 수요가 무한하여 만들면 만든 만큼 팔린다(이것은 후세의 용어로 '완전경쟁'이라는 상태입니다)고 가정하면, 경영자의 목표는 일단 마구잡이로 생산을 증가해 판매를 늘리는 일일 것입니다. 그것이 직접적으로 이익을 증가시킵니다. 그러나 수확체감이 존재하는 농업에서는 이러한 논리가 통용되지 않습니다. 투입을 늘린 만큼 수확이 증가하지 않습니다. 다시 말해 개별 투입량에 해당되는 수확은 점점 감소합니다. 개별 생산비용에 대한 수확, 수입, 이익이 점점 떨어진다는 뜻입니다. 물론 수확과 생산이 증가하면 총체적인 수입은 점점 증가합니다. 그러나 그 이상으로 비용이 증가하면 결국 '그 이상 생산하면 이익(수입 · 비용)이 줄어들기 시작하는' 한계점에 도달합니다. 즉 농업에는 공업과는 달리 이익을 최대화하는 최적의 생산량이 존재합니다.

그러나 신고전파에서는 이 이론을 일반화해서 공업 등에도 대체적으로 '수확체감'의 이론을 적용할 수 있다고 생각합니다. 다시 말해 설비가 일정한 상태에서 인력만 늘릴 경우 생산은 일정 수준 증가할 수 있지만 노동생산은 점점 떨어진다(또는 인원은 현상 그대로 유지하고 설비나 재고 투입만 늘리면 어느 정도까지는 생산이 늘어나지만 자본생산성은 저하된다)고 주장합니다. 조금 그럴싸하게 표현하면 '농업을 포함한 대부분의 산업에서 규모에 관한 수확일정收穫一定과 개별적인 투입에 관한 수확체감이 대체로 성립된다'고 생각합니다. 조금 전까지 살펴본 '수확체감'은 보다 정확히 말하면 '개별적인 투입(즉 노동만, 자본만, 토지만)에 관한 수확체감'이었습니다. '규모에 관한 수확일정'은 '토지, 자본, 노동 모두 다른 생산요소의 투입을 늘리면 그에 비례해 생산량도 늘어난다'는 의미입니다.

이렇게 '수확체감'이 일반적이라고 가정하면 농업뿐 아니라 모든 산업에서(오늘날의 표현으로) '최적화'의 발상이 성립됩니다. 다시 말해 '이익을 최대화하기 위해서는 너무 많지도 너무 적지도 않게 적당한 생산량(판매량)을 목표로 삼아야 한다'는 것입니다.

자세한 설명은 생략하겠지만, 신고전파에 따르면 실은 이 이론은 생산자 측은 물론 소비자에게도 적용됩니다. 신고전파 경제학에서는 공리주의철학(자세한 내용은 9장을 참조)을 계승해 '효용'이라는 단어를 사용해서 소비자라기보다는 살아있는 사람들의 행복 척도, 나아가서는 행동을 유발하는 기준(현대적으로 표현하면 '효용함수')으로 상정합니다. 다시 말해 신고전파에서 사람은 자신의 효용을 최대화하는 존재로 여겨집니다. 그리고 여기서 말하는 '최대화'는 당연히 '최적화'입니다. 원래 살아있는 인간은 아무리 좋아하는 음식이라도 무한대로 먹지 못하고, 먹고 싶다고 생각하지도 않습니다. 그렇게 저절로 최적의 소화량이 결정되는 셈입니다.

신고전파가 발견한
'누구나 자본가가 될 수 있는' 가능성

——— 설명이 다소 길어졌습니다. 지금까지의 내용을 되짚으며 정리해봅시다. 고전파 경제학과 대비되는 신고전파 경제학의 특징을 꼽으면 다음과 같습니다.

1. 생산이 아닌 교환과 거래가 이론의 기반이다. '생산된 것이 거래되는' 것이 아니라 '거래가 생산을 발생시킨다'는 것이다.
2. 기업과 개인의 행동은 전부 '최적화'로서 이해할 수 있다고 가정한다.

아주 간략히 말하면, 신고전파 경제학의 논리는 고전파 경제학에 비해 더 일반적이고 추상적입니다. '불평등과 성장'이라는 주제와 관련지어 말하면, 우선 농업과 공업의 차이가 줄어들어 양쪽 모두를 각각 일반적인 '산업'의 하위개념으로 파악하는 경향이 보다 강해집니다. 지구상의 토지총량 한계에 따른 성장의 한계, 즉 정상상태定常狀態라는 발상에 대해서는 이미 마르크스가 반대주장을 강력히 전개했습니다. 그러나 신고전파에서는 눈에 띄는 형태는 아니지만 더욱 강하게 이 발상을 회피하는 것처럼 보입니다(그러나 실은 제번스의 출세작 『석탄문제(The Coal Question)』에는 고전파적인 토지제약과는 전혀 별개로 고갈성 자원인 석탄에 초점을 맞춘 '성장의 한계'론이 대단히 선구적인 형태로 전개되고 있습니다).

그리고 두 번째 '최적화'라는 행동원리의 일반화로 인해 사람들 행동유형 사이의 계급차이가 강조되지 않는 경향이 나타났습니다. 고전파 경제학에서는 다분히 일시적이긴 하지만 '자본가는 축적하지만 노동자는 하지 않는다(할 수 없다)'처럼 다른 계급에 속하는 사람들은 행동유형이 다르다는 시점을 명확히 도입하고 있었습니다. 그러나 신고전파에서는 모두가 동일한 인간이며, 그러한 유형의 차이는 소멸됩니다. 때문에 '그렇다면 어째서 자본가는 축적하고 노동자는 하지 않을까? 결국 저축할 여유가 있고 없고의 차이다'라는 식으로 계급 간의 차이를 일시적으로 억지로 도입하는 것이 아니라 일관된 이론적 이유를 부여할 수 있습니다.

저축(투자)이 바로 자본축적이며 경제성장의 원동력이라는 논점에 대해서는, 신고전파는 스미스와 마르크스를 그대로 계승하면서도 그 주체로 자본가 계급을 상정하지 않는 이론을 제시했습니다. 다시 말해 경제 전체가 충분히 풍요로워진다면 누구나 자본가가 될 수 있다는 뜻입니다. 그러한 가능성을 염두에 둔 경제사회론은 20세기의 '풍요로운 사회'〔존 갤브레이스(John K. Galbraith), 『풍요한 사회(The

Affluent Society)』, 1958]에서, 경제학보다 오히려 사회학과 언론인의 사회평론에서 전면적으로 전개되고 있습니다. 그런데 실은 19세기 말 신고전파 초창기에 이미 대단히 흥미로운 논점이 제기되었습니다. 즉 '인적자본'이라는 개념이 등장한 것입니다.

앨프리드 마셜의 '인적자본'이라는 시점

——— 앨프리드 마셜은 신고전파 최초의 체계적 이론서 가운데 하나인 『경제학원리』로 유명합니다. 노동문제, 노동자의 빈곤극복, 사회적 지위의 향상은 꾸준히 그의 주요 관심사였습니다. 그는 '노동자 계급working class은 신사gentlemen가 될 수 있는가?'라고 자문하고 '될 수 있다!'고 대답하고자 했습니다. 그때 단서가 된 개념이(최종적으로는 철회한 것처럼 보이는) '인적자본personal capital'입니다.

노동의 대가인 임금으로 생계를 꾸리는 노동자도 사실은 각양각색입니다. 마셜은 그중에서도 비교적 고도의 훈련이 필요한 고임금의 숙련노동에 종사하는 사람들과, 그다지 경험이나 지식이 필요 없고 간단한 만큼 저임금을 받는 노동자의 차이에 주목했습니다. 그리고 그 차이를 인적투자의 차이라고 이해했습니다. 다시 말해 숙련된 기능技能을 습득하기 위한 훈련을 시간과 노력이라는 비용,

그리고 경우에 따라서는 학비와 훈련기간 동안의 생활비 등의 금전적인 비용을 직접 투입하는 투자라고 생각한 것입니다.

숙련노동자와 단순노동자의 임금격차는 주로 그 능력에서 발생합니다. 그러나 그 능력의 주요 원인은 훈련의 유무이고, 훈련의 유무는 훈련비용 부담의 유무입니다. 숙련노동자의 자녀는 부모의 고수입과 사회적 인맥 등의 도움을 받아 자신도 고임금의 숙련노동자가 되기 위한 훈련을 받을 기회가 상대적으로 많습니다. 그에 비해서 미숙련·저임금 노동자의 자녀는 그런 기회가 주어지지 않습니다. 마셜은 그렇게 생각했습니다.

마셜은 '인적자본'이라는 표현 자체는 뒤에 철회했지만, 마셜은 좁은 의미에서의 직업훈련뿐 아니라 학교교육의 초보적인 읽고 쓰기부터 보다 수준 높은 과학기술의 습득을 노동자의 능력을 향상시키고 임금 인상이라는 성과를 가져오는 '투자'로 파악하는 입장은 마지막까지 철회하지 않았습니다. 그리고 20세기 후반이 되면 이 개념은 직업훈련과 학교교육을 '인적자본human capital'(현재는 이 표기가 일반적입니다)으로 간주해 실제로 그 수익률을 계산하거나, 또는 기업의 노동조직을 인적투자를 위한 장치로 이용하는 등의 형태로 전면적으로 전개됩니다. 그러나 그런 부분에 대해서는 뒤에서 살펴보기로 하고, 여기서는 이러한 발상에 도달할 수 있었던 마셜의 보다 수준 높은 사고에 초점을 맞추겠습니다.

마셜 본인은 훈련을 투자로 간주하는 착상을 스미스의 『국부론』

에서 얻었다고 밝히고 있습니다. 분명히 스미스는 숙련된 장인이 고임금을 받는 직접적인 원인은 장기간에 걸친 훈련(도제수업) 비용을 회수하기 위함이라고 주장했습니다. 그러나 스미스는 숙련된 장인이 동업조합에서 받는 도제수업에 장인의 기능과 노동능력을 높이는 효과가 있다고는 생각하지 않았습니다. 스미스는 기능습득은 실제로 일하면서 눈동냥으로 보고 배우는 것(오늘날의 표현으로 'learning by doing')이 가장 효율적이며, 도제수업이나 학교교육에는 그런 효과가 거의 없다고 생각했습니다. 스미스에 따르면, 동업조합의 도제수업이 임금을 인상시키는 것은 조합에 의한 시장독점이 가격과 임금을 인상시키는 것에 불과하며 현실적인 생산력은 올라가지 않았기 때문에 사회적인 낭비입니다. 그에 비해 마셜은 이러한 독점은 존재하지 않으며, 완전히 경쟁적인 시장에서도 훈련은 노동자의 능력과 생산력을 향상시키고, 그에 대한 대가로 임금을 인상시킬 수 있다고 생각했습니다.

또 하나 주목해야 할 점은 마르크스와의 차이점입니다. 마르크스가 '노동력'은 '상품'이라는 입장을 고집하며 '노동자본'이라는 표현을 의식적으로 거부한 것과 달리, 마셜은 적어도 일시적으로는 '인적자본'이라는 표현을 사용했습니다. 다시 말해 마셜은 적어도 숙련노동자의 임금수준은 틀림없이 생존수준을 상회할 수 있으며 실제로 상회한다고, 투자로 돌릴 수 있는 잉여가 발생한다고 생각했습니다.

그런데 순수하게 형식적으로 생각한다면, 잉여를 반드시 인적투자로 돌릴 필요는 없습니다. 전부 소비하지 않고 소중하게 저축해 두는 경우에도 교육훈련 같은 인적투자 이외에 다양한 투자방법이 존재할 것입니다. 금융자산으로 은행에 맡기거나 누군가에게 빌려줄 수도 있고, 실물자산으로 바꿀 수도 있습니다. 다시 말해 본인이 토지나 생산설비를 구입해 규모는 작더라도 자영자본가적인 사업가가 될 수도 있고, 돈을 빌려주는 것과 비슷하지만 적당한 자본가적 사업자에게 출자하는, 특히 주식회사의 주식을 구입하는 식으로 '누구나 자본가가 될 수 있는(비록 영세적이지만)' 가능성을 기대할 수 있습니다.

마르크스 역시 이론적으로는 '상대적 과잉인구론' 등에서 자본주의하에서의 노동자 계급의 '빈곤화'를 강조했습니다. 그러나 그 '빈곤화'가 절대적인지 상대적인지에 대해서는 의견을 확정짓지 못했습니다. 또한 이후에 화이트컬러로 이어지는 신新중산 계급의 발흥에 대해서도 어느 정도 예상하고 있었던 것처럼 보입니다. 그에 비해서 마셜은 전반적인 경제성장의 효과는 노동자에게도 영향을 미치며 나아가 노동자도 투자를 통해 자본가로 돌아서거나 또는 고도의 인적자본을 습득한 숙련노동자로서 '신사'가 될 가능성, 다시 말해 자본주의하에서도 그저 단순히 빈곤이 해소되는 것에 그치지 않고 격차 역시 완화될 가능성을 보다 확실히 전망하고 있었습니다.

이렇게 한편으로는 대학 중심의 근대적 과학체계의 확립과 다른 한편으로는 민주주의의 전개와 사회개량주의의 분위기를 배경으로 융성하기 시작한 것이 신고전파 경제학입니다. 그러나 뜻밖에도 신고전파의 융성은 그때까지 경제학의 중심과제였던 성장과 분배의 관계를 비교적 주변 과제로 밀어내는 결과를 초래했습니다. 불평등과 격차의 문제는 경제학의 주요쟁점에서 멀어지게 되었습니다. 그렇게 된 이유는 무엇일까요? 다음 장에서는 이 문제에 대해서 살펴보겠습니다.

04

‘경제성장’을 어떻게 논할 것인가?

20세기의 신고전파 경제학

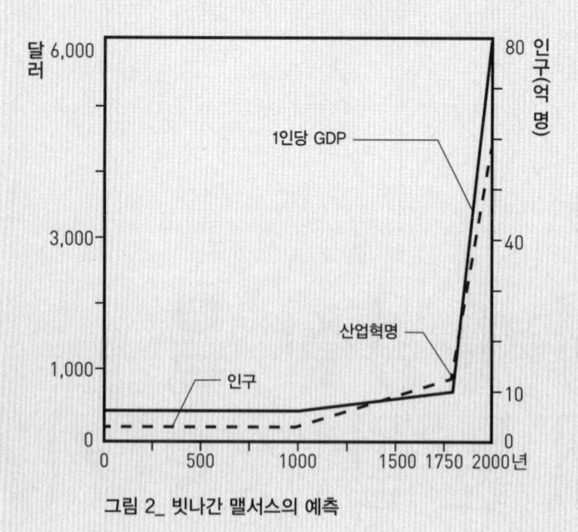

그림 2_ 빗나간 맬서스의 예측

고전파와 마르크스가 상정한 전형적인 상황

——— 얼마간의 우여곡절을 거쳐 20세기 말이 되면 신고전파 경제학은 사실상의 이론 표준이 됩니다. 그렇게 될 수 있었던 결정적 이유는 고전파나 맬서스 경제학에 비해 신고전파가 보다 간단한 전제에서 출발했기 때문일 것입니다. 다시 말해 이론적으로는 누구나 자본가가 될 수 있는 존재로 간주되기 시작했습니다. 그러나 그런 '결론'이 나오기까지는 의외로 많은 시간이 걸렸습니다. 그 이유를 지금부터 자세히 살펴보겠습니다.

먼저 마르크스 이전의 고전파적인 이미지, 스미스와 리카도 등이 상정한 전형적인 상황에 대해서 살펴보겠습니다.

특별한 기술혁신이 존재하지 않고, 노동자의 임금은 생존수준에 고정되어 있으며, 지주도 생산적 투자를 하지 않으며, 저축(투자)의 주체는 자본가뿐이라고 가정해봅시다. 자본가가 얻은 이윤은 투자되어 자본설비를 증강합니다. 그와 동시에 노동수요도 확대되어 임금에는 상승압력이 가해집니다. 그러나 스미스·맬서스적인 상정에 따라 임금상승은 인구증가를 유발하고, 장기적으로는 임금에 저하압력이 가해져 생존수준으로 되돌아갑니다. 그리고 그러한 인구증가 압력이 임금으로 생활하지 않는 자본가와 지주에게 영향을 미치지 않는다고 가정하면, 경제가 성장해도 인구는 그와는 상관없이 억제되고, 각각의 자본가적 경영의 사업규모와 자본가와 지주의 1인당 소비가 확대될 수 있습니다.

그러나 좀 더 장기적으로 살펴보면, 토지 절대량의 제약이 나타나기 시작합니다. 경작 가능한 토지를 전부 경지로 만들어서 더 이상 새로운 토지공급을 기대할 수 없게 되면 한계가 확실히 보이기 시작합니다. 새로운 투자와 그에 수반되는 노동공급의 증가도 더 이상의 이익을 기대할 수 없고 투자는 그저 기존 자본설비의 유지 재생산을 위해서만 이루어지는 국면인 정상상태가 찾아옵니다. 인구증가도 그 시점에서 멈춥니다. 자본가적 경영의 규모, 자본가와 지주의 소비 확대, 생활수준의 향상도 멈춰버립니다.

그렇다면 마르크스 『자본론』이 그리고 있는 이미지는 어떨까요? 기본적인 구조는 크게 다르지 않지만, 공업 분야에 기술혁신, 즉 마르크스의 표현을 빌리면 '상대적 잉여가치의 생산'이라는 요소가 첨가됩니다. 마르크스가 구상한 이미지는 기본적으로 기계화를 진행해 자본장비의 비율을 높이고, 노동생산성을 올리는 것입니다.

임금이 생존수준에 의해 억제된다는 상정은 고전파의 주장과 크게 다르지 않지만, 인구변화와는 거의 관계가 없습니다. 실제로 마르크스가 동시대에 경험한 경기순환은 기껏해야 몇 년 단위였습니다. 마르크스는 '노동자 계급이 변화에 적응하기 위해 인구 자체를 조정한다는 상정은 무의미하다'고 생각했고 그런 생각은 합당했습니다. 마르크스가 임금을 억제하는 사하중으로서 대신 도입한 것은 실업이었고, 그 주요 원인으로 생각한 것은 기술혁신에 의한 인력감축이었습니다.

자본가가 이윤을 투자하고, 자본설비를 축적해서 사업규모를 확대하면, 당연히 그만큼 노동수요도 증가합니다. 그러나 그것이 바로 고용 확대로 이어지는 것은 아니라고 가정하고, 노동시간의 연장, 노동강화, 기술혁신에 의한 인력감축 같은 다양한 가능성을 자세히 분석하고 있는 점이 마르크스의 강점입니다. 그러나 그러한 다양한 요인이 결과적으로 어떤 결론에 도달하는지(신고전파적으로 표현하면 '균형'을 이루는지)에 대해서는 의욕은 넘쳤지만 결국 제시하지 못했습니다.

대체적으로 마르크스가 전개한 주장은 다음과 같습니다. 기술혁명에 의한 인력감축으로 언제나 기존 고용은 감소됩니다. 그것은 새로운 투자에 따른 성장과 그로 인한 노동수요 증가 및 고용 확대로도 상쇄되지 않고 항상 일정한 실업자가 존재하는 상황입니다. 만약 산업예비군과 노동력풀labor pool이 고갈될 정도로 경기가 과열되면, 그로 인해 공황이 발생하고 경제는 불황으로 돌아서 한순간에 실업자가 증대될 것입니다. 마르크스 생전에 출판된 『자본론』 제 1권의 주장은 대체로 이렇게 해석할 수 있습니다.

그 특징을 굳이 확장해 도식화한다면, 그곳에서 노동자들은 고전파적인 상황에서의 상정 이상으로 수동적일 것입니다. 또한 자본축적과 경제성장에 따른 노동수요 증가는 인구 증가에 따른 노동공급의 추가가 아니라 자본가적 경영이 기술혁신에 의한 인력감축의 결과로 배출한 실업자에 의해서 조달된다고 할 수 있습니다. 그러나 문제는 이 경우의 수요조정 체제입니다. 마르크스는 스미스 · 맬서스와 같은 원활한 조정체제를 가지고 있지 않았습니다. 임금변동에 노동공급의 조정을 기대할 수 없기 때문에, 호황기의 인력부족과 임금상승 공포에 의한 반전불황이라는 경기순환이 그 역할을 대신 담당했습니다.

설명을 덧붙이자면, 마르크스가 스미스 · 맬서스적인 인구법칙(을 뒷받침하는 노동시장론)을 부정한 것까지는 좋았지만, 그것을 대신할 (노동시장론과 구별된) 인구이론을 제시하지는 못했습니다. 전통적인 농촌공동체든, 아니면 국가의 구빈행정이든, 어쨌든 자본주의 경제의 외부에 어떤 생존유지 체제가 존재한다는 것을 암묵적으로 가정한 주장이라고 생각할 수밖에 없습니다.

신고전파가 상정한 전형적인 상황

그렇다면 신고전파의 '전형적인 상황'은 어떻게 생각해야 할까요? 신고전파의 특징은 융통성에 있으며, 앞의 두 경우도 그 틀 안의 특수한 경우로 논할 수 있습니다. 그런 점 때문에 신고전파의 '전형적인 상황'은 반드시 살펴봐야 하지만, 사실 그것은 쉽지 않은 일입니다.

그러나 '전형적인 상황'을 구체적으로 추려서 상정하기는 어렵다고 해도 고전파, 마르크스파, 신고전파의 성장과 분배를 둘러싼 문제의식 차이에 대해서는 이미 알고 계실 것입니다. 고전파와 마르크스파가 축적하는 부(자본)를 보유한 계급과 그렇지 않은 계급, 즉 지주와 노동자 간의 질적이고 불연속적인 차이에 초점을 맞추는 데 반해 신고전파는 학파로 성숙되면서 개인(보다 정확히는 가족이나 기업까지 포함된다. 한마디로 구체적인 경제행동의 개별적인 주체를 말합니다) 사이에 보유한 부의 양적인 차이와 연속적인 차이에 초점을 맞춥니다. 가진 재산이 없는 가난한 노동자라도 행운이나 노력의 결과로 재산을 축적해 자본가나 지주로 이행할 수 있기 때문에 재산의 유무를 놓고 질적인 차이라고는 생각하지 않습니다.

지금까지 몇 번이나 언급했기 때문에 다소 때늦은 감이 있지만, 기본적인 내용을 확인하고 넘어가겠습니다. 경제에 대해서 생각할 때는 유량flow과 저량stock의 구별이 중요합니다. 새로운 재화나 서비스가 만들어지는 '생산' 또는 이미 존재하는 재화나 서비스가 사용되어 사라지는 '소비'에서 새롭게 생산되는 물건과 서비스, 소비되어 사라지는 물건과 서비스는 '유량'입니다. 한편 생산되어도 당분간은 사용되지 않고 재고로 보존되는 것, 나아가 사용해도 당장은 소모되지 않고 어느 정도는 존속되는 고정자본설비나 내구소비재(주택 등도 여기에 포함됩니다)는 '저량'입니다. 경제학적으로는 '소득income'은 금전으로 환산한 '유량'이라고 말해도 크게 틀리지 않습니다. 경제계산상으로 유량 차원에서는 '소득=생산=소비+투자(저축)'입니다. 경제계산상으로 저축과 투자는 동일하며, 모두 저량으로서의 '자본'을 증가시키는 일입니다. 특수경제학적 용어로서의 '부wealth'는 '소득'에 대한 관념으로 저량으로서의 자본과 토지를 의미합니다.

앞에서 지금까지 (소비된 상품과 구별되는 대상으로) '재산'이라는 단어로 표현한 대상은 실은 이 '부'에 해당합니다. 그것은 또한 노동을 제외한 생산요소이기도 합니다. ('노동력' 또는 '인적자본'은 노예제의 경우를 제외하면 그 자체에는 가격이 부여되지 않으며, 통째로 매매의 대상이 되지 못하기 때문에 여기에서 말하고 있는 '부'에서는 제외됩니다.) 자본주의 경제는 유량으로서의 소비재와 서비스뿐 아니라 저량으로서의 자본과 토지 역시 가격을 매겨서 매매하는, 다시 말해 넓은 의미의 상품으로 만드는 유형의 시장경제입니다. 그렇다면 저량으로서의 자본과 토지의 값, 가격, 가치의 근거는 무엇일까요?

고전파적으로 생각하면 자본도 역시 결국에는 생산된 것이기 때문에 총생산 비용입니다. 그러나 토지의 가치는 이런 논리로는 이해할 수 없습니다. 그에 비해서 신고전파의 입장에서 살펴보면 자본의 가치는 비용, 즉 그곳에 투입된 가치가 아니라 반대로 그것이 현재부터 장래에 걸쳐서 만들어낼 가치에 의해서 결정됩니다. 다시 말해 자본이나 토지와 같은 '부'는 그것이 경제적 가치, 직접적으로는 '소득'의 원천이 될 것이라고 기대하기 때문에 가치가 부여되고, 비싼 값이 붙고, 일상적으로는 통째로 매매되는 것보다 한정적인 임대차의 대상이 됩니다.

고전파는 이러한 의미에서의 '부'를 보유하고 있는지 여부 또는 그것이 어떤 종류의 '부'인가(자본인지 토지인지)라는 질적이고 불연속적인 차이가 계급의 차이, 한마디로 사람들 사이에서 행동논리의 차이를 낳는다고 상정합니다. 이에 비해서 신고전파는 금전으로 환산했을 때 어느 정도의 '부'를 보유하고 있는가라는 양적이고 연속적인 차이에 중점을 두며, 사람들은 기본적으로 동일한 행동원리를 따른다고 상정합니다.

이렇게 고전파와 마르크스적 계급사회관과 신고전파에 깔려 있는 1계급(또는 무계급)적 사회관의 차이는 성장과 소득·부의 분배의 관계를 파악하는 방식에 어떤 차이를 초래할까요?

1계급적 사회관이 격차나 불평등에 대한 무관심으로 직결된다고 일률적으로는 말할 수는 없습니다. 그러나 다음과 같이 말할 수는 있습니다. 즉, 고전파와 마르크스적인 상정하에서는 자본가를 향한 부의 집중(그와 반대로 노동자와 지주는 부의 박탈)은 경제 전체적인 생산력 확대와 성장에 있어서는 플러스라고 주장할 수 있지만, 신고전파적인 상정하에서는 반드시 그렇지는 않다고 말할 수는 있습니다.

고전파와 마르크스적인 상정에서는 지주와 노동자의 행동논리는 투자 지향이 아닙니다. 그러나 신고전파의 상정에서는 어떤 계급에 속한 누구라도 투자가 자신에게 이익이 된다고 판단하면 당연히 투자할 것입니다. 다시 말해 고전파와 마르크스적인 상정에서는 소득과 부의 분배형태 변화가 투자, 나아가 경제성장에 영향을 미칠 가능성이 있습니다. 하지만 신고전파에서는 그렇게 생각하지 않습니다. 소득과 부의 분배와 상관없이 경제사회 전체의 부(생산요소의 총량)가 변하지 않는다면, 시장이 충분히 경쟁적이고 그 속에서 사람들이 자기이익을 얻기 위해서 합리적으로 행동한다면, 부가 효율적으로 활용되고 결과적인 생산량과 시장의 투자, 나아가 경제성장률도 변하지 않는다고 생각하는 것이 합당합니다.

이렇게 요약하면 '분배는 생산에 영향을 주지 않는다'는 발상은 어떻게 보면 예를 들어 소득과 부의 분배에 대한 자유도가 높은, 선택의 폭을 넓혀주는 발상이라고도 할 수 있습니다. '소득과 부가 어떻게 분배되는지와 상관없이 경제의 전체적인 총량이 변하지 않는다면 거기에서 얻을 수 있는 성과는 변하지 않는다. 그러니 마음대로 해도 된다'는 결론을 이끌어낼 수도 있습니다. 다시 말해 심지어 '재분배 정책을 통해서 격차와 불평등을 해소하고 싶다면, 어느 정도는 마음대로 해도 상관없다'는 주장까지 할 수 있습니다. (그러나 실제로 그곳에서는 깊은 함정이 입을 벌리고 기다리고 있습니다. 이 점에 대해서는 뒤에서 살펴보겠습니다.)

그러나 한편으로 이런 발상에는 어느 정도 분배문제에 대한 경제학자의 흥미를 꺾는 효과가 있습니다. 결국 '분배문제는 학문적으로 경제학자의 주제가 아니다. 정치학자, 사회학자, 복지연구자에게 맡기면 된다'고 생각하는 경제학자를 늘리게 됩니다. (물론 모든 경제학자가 그렇게 생각한다는 의미는 아닙니다.)

신고전파적인 정상상태

그리고 또 하나 중요한 점은 신고전파의 상정하에서는 토지는 물론 자본과 노동에 대해서도, 즉 생산요소 전반에 대해서 수확체감의 가능성을 상정해야 한다는 점입니다.

그렇다면 먼저 기술혁신도, 인적자본의 축적도 없는 경우에 대해서 생각해봅시다. 인구는 마르크스적 상황과 마찬가지로 일정(보다 정확히 표현하면 이 분석에서 인구 변화는 의미가 없다)하다고 가정합니다. 자본과 노동은 어느 정도 대체적이기 때문에, 기술이 변하지 않는 경우라도 자본과 노동을 조합하여 노동 1단위당 자본량인 자본노동비율은 변합니다. 때문에 출발점에서의 자본축적 양이 적다면, 이 경제하에서는 점점 자본축적이 진행됩니다. 그런 방향으로 사람들을 부추기는 동기는 적어도 처음에는 자본축적을 해서 자본장비율을 올리면 노동생산성, 나아가서는 생산량이 늘어나고 이윤도 증가한다는 것입니다.

그러나 이러한 증가율은 자본축적이 진행될수록 떨어지기 시작합니다. 그리고 최종적으로는 그 이상 자본을 축적하고 생산량을 늘려도 오히려 이윤(수입과 비용이 차이)이 감소하는 최적점에 도달해버립니다. 그렇기 때문에 이 시점에서 축적을 정지하고, 그 수준의 자본노동비율과 생산량을 계속 유지하는 것이 해당 경제 속에서 살아가는 사람들에게는 최선입니다. 이것은 리카도와 밀이 상상했던 고전적인 정상상태와 대단히 비슷한 상황입니다. 초기국면에서는 마르크스적인 상황과 마찬가지로 노동생산성이 정지해버립니다. 물론 이것으로는 산업혁명 이후의 지속적인 성장 체제를 해명할 수 없기 때문에 어떻게든 이론 내부로 기술혁신을 일으키는 체제를 받아들일 필요가 있습니다. 그러나 이것은 간단한 일이 아닙니다.

하지만 장기적으로 최적의 자본노동비율에 도달하고 그 상태를 유지한다는 이러한 전망은 아직도 영향력을 가지고 있습니다. 가장 큰 이유는 후진국의 선진국 따라잡기catch up, 국가 간 경제격차의 수

렴이라는 20세기 말 이후의 세계적인 동향과 일치하고 있는 것처럼 보이기 때문입니다.•

1960년대부터 1970년대까지는 후진국의 개발전략에서 적극적인 정부개입이나 국제사회의 공적원조가 어느 정도 열쇠를 쥐고 있다고 생각했습니다. 그러나 그 시대(주로 1960년대는 선진국이 미증유의 고도성장을 구가하던 시대) 도상국의 경제성장은 결코 명예롭다고 할 수 없습니다. 오히려 1990년대 이후에 사회주의경제권 붕괴와 체제이행에 맞춰서 다수의 도상국과 구舊 사회주의 국가들이 자유시장이 주도하는 개방경제체제로 이행한 것이 이러한 세계적인 캐치업과 수렴을 발생시켰다고 생각하면, 그 배후에 존재하는 체제를 신고전파

• 이 논점에 대해서는 뒤에서 다시 다루겠지만, 대개 1980년대 정도까지는 1860년대까지 대체적으로 식민지 상태에서 벗어나 독립한 아시아와 아프리카 국가들이 선진국들로부터 막대한 원조를 받는데도 예상처럼 성장이 계속되지 않았습니다. 계속 성장하는 선진국들과 남겨진 후진국들 사이에서 벌어지기만 하는 격차가 바로 세계경제의 핵심문제 가운데 하나로 여겨졌습니다. 그러나 1980년대에 먼저 몇몇 동아시아 국가들이, 이어서 1990년대에는 중국이 개방경제하에서 급격한 성장을 시작했습니다. 21세기에는 오랫동안 정체의 상징이었던 인도 역시 고도성장시대로 돌입했습니다. 부패한 독재정권과 그 붕괴 이후의 혼란 같은 정세불안이 이어지는 사하라 남부의 아프리카는 여전히 전반적으로 정체가 계속되고 있지만, 근래에는 적지 않은 국가가 급성장하고 있습니다. 적지 않은 구舊 도상국이 먼저 급격한 고도성장을 이루고, 그 뒤로 성장률은 둔화되었지만 지속적인 성장을 유지하면서 소득의 절대액과 생활수준에서도 선진국에 접근하고 있습니다. 그 과정에서 1980년대에는 '중진국'이라는 표현도 생겨났습니다. 21세기가 되자 그들 구舊 중진국 대부분이 이제 선진국으로 인정받고 있습니다.

적인 정상상태로의 수렴에서 찾는 주장이 나와도 전혀 이상하지 않습니다.

다시 말해 이 주장은 '특정 조건하에서는 시장에서의 자유로운 경쟁이 자연스럽게 보다 평등한 부의 분배를 유도할 수도 있다'고 해석할 수도 있습니다. 물론 문제는 그 '조건'이 구체적으로 무엇이며, 어떤 것인가 하는 점입니다.

신고전파가 성장과 분배 문제에 큰 관심을 갖지 않은 이유

——— 지금까지의 내용을 정리하면 다음과 같습니다.

첫째, 분배 문제와 생산(자원의 활용) 문제의 분리라는 대략적인 이론지향이 신고전파의 입장에 선 경제학자들의 소득과 부의 분배 문제에 대한 관심을 저하시켰다.

둘째, 수확체감의 결과로서의 자본노동비율, 나아가 노동생산성과 생활수준의 수렴 가능성에 대한 예상은 적어도 일부 경제학자들에게 '자유로운 시장은 분배와 상관없이 생산을 최대화할 뿐 아니라 경우에 따라서는 분배의 평등화에 공헌하기도 한다'는 생각을 확산시켰다.

20세기 후반의 경제학에서는 적어도 성장과 분배의 관계에 대한 논의는 다소 저조했습니다.

위의 정리는 '신고전파 경제학의 융성이 성장과 분배의 관계에 대한 관심의 쇠퇴를 초래했다'는 취지의 내용을 담고 있습니다. 그 내용 자체를 부정할 마음은 없습니다. 그러나 여러 번 확인한 것처럼 무엇보다 그런 '결과'에 도달했다고 할 수 있는 시기는 20세기 중에서도 말기인 1980년대 무렵입니다. 1950년대와 1960년대에는 결코 그렇다고 말할 수 없었습니다.

피케티의 연구를 계기로 다시 한 번 각광받은 사이먼 쿠즈네츠의 '역逆U자 곡선' 이론, 다시 말해 '경제성장의 초기국면(산업혁명 개시 이후 한동안)에는 성장과 함께 분배는 불평등해지지만 그 경향은 언젠가 역전되며, 풍요로운 사회에서는 성장과 함께 오히려 분배는 평등해진다'는 실증연구는 바로 이 시기에 이루어졌습니다. 그러나 쿠즈네츠의 연구는 처음부터 통계적인 것이었기 때문에, 그러한 현상의 배후에 존재하는 체제에 대한 이론적 해명에는 도달하지 못했습니다.

하지만 선진국들의 전후戰後 고도성장이 아직 계속되던 이 시기에는 경제학계에서 신고전파의 영향이 강해지는 한편으로, 고전파적·마르크스적인 전제에서 출발해 성장과 분배의 이론모형을 구축하는 연구자들도 정통적인 케인지언(이 입장을 계승하는 사람들을 지금은 포스트 케인지언이라고 부릅니다)을 중심으로 다수 활약하고 있었습니다.

이들 구세대 케인지언의 주장이 가지는 특징은 존 메이너드 케인스 John Maynard Keynes, 1883~1946가 『고용·이자 및 화폐의 일반 이론』에서 분석한 실업과 불황이라는 상황을 시장체제의 기능장애, 특히 가격이 원활하게 변화되지 못해서 수요와 공급이 균형을 이루지 못하는 상황으로 모형화한다는 점입니다. 경제성장에 관한 최초의 본격적인 수학적 모형 역시 이러한 것이었습니다. (경제학 교과서에서 말하는 '해로드-도마 성장모형'입니다.)

가격변화를 반영하여 자본과 노동 사이를 적당히 대체하고, 나아가서는 저축(투자)에 대해서 최적의 의사결정을 하는 주체를 주인공으로 상정하는 신고전파 성장이론의 등장은 그에 비해서 조금 늦었습니다. 신고전파 성장이론의 원조로 유명한 '솔로-스완 모형'에는 가격변화에 대응하는 사람들의 행동변화 가능성이 고려대상에 포함되어 있습니다. 이후의 경제성장이론 교과서가 솔로-스완 모형을 현대적인 성장이론의 출발점으로 평가하는 데 비해서, 해로드-도마 성장모형은 이른바 '전사前史' 취급을 받는 경향이 있습니다.

그러나 고전파적·올드 케인지언의 성장이론과 비교했을 때, 신고전파 성장이론의 '승리'는 주로 논리적인 일관성에 의해 얻은 것이지 경험적 사실을 설명하는 실증연구 차원에 의한 것이 아니었습니다. 올드 케인지언에 비해서 신고전파는 자의적이고 강압적인 가정—예를 들어 가격이 어째서 때때로 경직화되는지가 이론적인 근거 없이 갑자기 전제로 제시된다—이 적다는 특징이 있습니다. 때문에 이러한 '중간정리'도 20세기 말이라는 시점에서 되돌아본 '뒤늦은 지혜'라는 느낌을 부정하기 힘듭니다. 게다가 1990년대 이후가 되면, 신고전파의 틀 안에서 다시 한 번 성장과 분배의 관계에 대한 관심이 불타오르기 시작합니다(젊은 시절 피케티의 이론 작업도 그러한 조류의 일부로 정의할 수 있습니다).

기술변화와 기술혁신은 언제나 생산성을 높일까?

——— 이번 장을 마무리 짓기 위해서 또 하나 확인해야 할 점은 지금까지 설명한 고전파, 마르크스, 그리고 초기 신고전파의 성장론이 명확한 어떤 한계 속에 존재한다는 사실입니다. 다시 말해 마르크스를 제외한 그들은 제로성장의 정상상태를 향해 나가는 성장과정을 묘사하고 있으며, 진정한 의미에서의 기술혁명을 논하고 있지 않습니다. 그것은 바꿔 말하면 오늘날 우리가 문제로 삼고 있는 의미에서의 경제성장, 즉 생산성과 생활수준의 지속적인 상승을 이해할 수 없다는 뜻이기도 합니다. 고전파의 틀이 그렇다는 것은 쉽게 이해가 가지만, 신고전파도 그렇다고 하면 의외라고 생각하는 분도 계실 것입니다. 그렇다면 바로 확인해봅시다.

'생산성'이라는 한 단어로 표현하고 있지만 생산성에는 실은 다양한 종류가 존재합니다. 개별 생산요소당 생산성, 즉 토지생산성, 자본생산성, 노동생산성 등으로 구별할 수 있습니다. 그리고 그 이외에도 '총요소생산성'이라는 개념이 있기 때문에 주의할 필요가 있습니다.

'토지에 대한 수확체감'에 대해서 설명할 때 염두에 두었던 고전파적인 상황을 상정하면, 그 상황에서는 자본과 노동 사이에는 대체성이 없지만 노동과 토지 또는 자본과 토지 사이에는 대체성이 존재합니다. 더 정확히 말하면, 적절한 비율의 노동과 자본의 조합, 즉 앞에서 설명한 '자본-노동세트'와 토지 사이에는 대체성이 존재합니다. 때문에 동일한 생산기술하에서도 일정한 수확과 생산고를 올리는 데 필요한 토지와 자본-노동세트 조합의 수는 하나가 아니라 무수히 많으며, 이 조합을 그래프로 나타낼 수도 있습니다('등생산량곡선'이라 부릅니다). 그리고 동일한 기술하에서도 각각의 특정 조합에는 다양한 토지생산성과 자본-노동세트의 생산성 조합이 성립합니다. '토지에 대한 수확체감'의 상정하에서는 기술이 동일한 경우에 동일한 생산고를 올리기 위해서는 토지투입을 줄이면 자본-노동세트를 줄어든 이상으로 늘려야 합니다. 이것을 '생산성'이라는 단어를 사용해서 표현하면, 동일한 생산고하에서는 토지생산성이 올라가면 자본생산성과 노동생산성은 떨어진다(자본과 노동은 세트이며 비례해 움직인다)고 할 수 있습니다. 반면에 신고전파의 '전형적인 상황'에서는 토지, 자본, 노동은 전부 상호 간의 대체성이 성립합니다.

그러나 실질적으로는 토지를 생략하고 자본과 노동만 고려하는 경우가 많기 때문에 그렇게 복잡하지는 않습니다. 단적으로 말하면, 자본노동비율을 올리면, 즉 노동자 1인당 자본투입을 늘리면 노동생산성은 올라간다는 것이 신고전파가 가지고 있는 전형적인 성장의 이미지입니다. 당연히 기술이 변하지 않는다면 그 상승폭은 점차 둔화됩니다.

우리가 기술변화나 기술혁신이라고 부르면서 일반적으로 '생산성이 올라간다'고 말할 때 염두에 두게 되는 것은 이렇게 동일한 기술하에서 노동과 자본의 조합 변화로 인해 발생하는 노동생산성 상승이 아니라, 노동생산성과 자본생산성이 (그리고 실은 토지생산성도) 전부 올라가는 것입니다. 어떤 특정한 자본-노동(-토지)세트를 상정했을 경우에 그 세트 1단위당 생산고가 올라가는 것입니다. 이것을 '총요소생산성'이라고 부릅니다.

노동생산성이나 자본생산성 그리고 토지생산성의 계산은 비교적 간단합니다. 하지만 총요소생산성은 특정한 경제이론(신고전파 경제학)의 전제를 바탕으로 기술의 구조(생산함수)를 상정해야만 산출할 수 있기 때문에 다루기가 상당히 어렵습니다. 그러나 이론적으로는 바로 이것이 '생산성'에 대한 가장 표준적인 사고방식이라고 할 수 있습니다.

물론 이것은 어디까지나 '이론적'인 개념적 구축물입니다. 따라서 현실의 기술변화와 기술혁신이 언제나 '총요소생산성'이라는 개념으로 이해할 수 있는 것은 아닙니다. 즉 현실에서의 기술혁신과 그에 따른 생산성 상승은 언제나 순조롭게 '자본-노동(-토지)세트 1단위당의 생산고가 올라간다'는 식으로는 발생하지 않습니다.

기술혁신과 생산성의 관계

——— 이익을 위해서 영업하는 현장의 기업이 기술혁신을 시행하는 직접적인 동기는 대개 해당 경제사회에서 우연한 품귀현상이 발생해 가격이 상승한 생산요소—개별 재료든 자본과 노동 등의 거대한 '본원적'인 생산요소든 간에—를 절약하기 위해서인 경우가 많습니다. 직설적으로 말하면, '임금이 비싸서 인력을 줄이고 싶다' 같은 것입니다. 신고전파가 상정하는 것처럼 생산요소 사이의 대체성이 높은 기술하에서는 임금이 비싸면 인력을 줄이고, 줄어든 인력은 자본증강으로 보충함으로써 얼마간은 동일한 비용으로 생산을 계속 유지할 수 있습니다. 그러나 '개별 생산요소에 대한 수확체감'이 존재하기 때문에 그것에도 한계가 있습니다. 그래서 기술혁신에 착수하는 것입니다.

그런데 이러한 인력감축이나 노동절약을 위한 기술혁신은 적어도 그 초기 단계에서는 '기술은 바꾸지 않은 상태로 더욱 자본집약적으로 만드는' 것도, '기술혁신을 위해 연구개발활동을 하고 새로운 설비를 투입하는' 것도 모두 다 똑같은 '투자'처럼 보입니다. 예를 들어 신기술하에서는 자본투입도 절약할 수 있고, 노동생산성은 물론 자본생산성, 나아가 총요소생산성이 개선되었더라도 노동의 절약에 중점을 두고 있다면 자본생산성의 향상은 이른바 '부록' 취급을 받을 것입니다. 실제로 노동생산성만은 개선되지 않은 경우도 있습니다. 반대로 다소 악화되었다(제품 1단위당 자본투입이 증가해버렸다!)고 하더라도, 미시적인 기업의 관점에서는 총비용이 개선되었다면(임금비용의 절약이 자본비용의 상승을 상회한다면) 당장은 개의치 않을 것입니다.

때문에 제조와 개발 현장의 외부에 위치한 비전문가는 기술혁신이라고 하면 막연히 생산성을 올리기 위한 것이라고 생각하기 쉽습니다. 여기서 '생산성'은 한마디로 '노동생산성'을 의미합니다. '자본생산성'이나 '총요소생산성'에 대해서는 자칫 잊어버리기 쉽기 때문에 주의를 기울여야 합니다. 노동생산성을 올리는 것만이 기술혁신은 아니기 때문입니다.•

그런데 지금까지 설명한 내용만 보면, 고전파와 신고전파는 총요소생산성의 상승에 대해서 아무런 언급도 하지 않고 있습니다. 다행히 마르크스가 유일하게 본격적으로 문제로 삼고 있지만, 노동의 착취에 지나치게 관심을 기울인 나머지 노동생산성과 총요소생산성의 차이에 대해서는 충분한 결론을 내지 못하고 끝나버렸습니다.

결론부터 말하면 이러한 총요소생산성의 상승, 다시 말해 본격적인 기술혁신에 대한 명쾌한 경제이론의 등장은 20세기 말까지 기다려야 합니다. 그리고 흥미롭게도 이 새로운 성장이론은 기술혁신 체제를 내생화했다는 의미에서 '내생적 성장endogenous growth' 모형이라 불립니다. 내생적 성장 모형의 등장 역시 성장과 분배의 관계에 대한 관심이 다시 불타오르는 데 중요한 역할을 담당했습니다.

- 예를 들어 역사학계의 외부에는 아직 잘 알려지지 않은 '근면혁명industrious revolution'이라는 용어가 있습니다. 원래 에도시대 일본의 농업생산력 확대에 관한 연구에서 처음 만들어진 용어였지만, 지금은 유럽이나 중국의 근대사연구에도 등장하는 개념입니다. 보다 구체적으로 설명하면, 산업혁명과 공업화에 앞서 근세에 큰 규모의 변혁인 농업혁명이 발생했다는 것은 잘 알려진 사실입니다. 핵심은 토지 단위면적당 수확량의 증대와 토지생산성 개선이라고 할 수 있습니다. 그 배경에는 농업기술의 혁신이 존재하는데, 그러한 기술혁신은 전체적으로 노동집약적이라고 할 수 있는 것으로서 토지생산성은 올려도 노동생산성은 올리지 못했습니다. 오히려 토지단위당 노동투입을 늘려 토지이용의 효율을 높여서 수확을 늘리는 식이었습니다. 그렇게 근세의 단위토지당 수확이 증가하고 농산물 공급이 증가했지만, 그것을 위한 노동수요 역시 증가했습니다. 증가한 농작물은 증가한 인구를 부양하는 데도 사용되었기 때문에 서민의 생활수준은 전체적으로 그다지 개선되지 않았습니다. 즉 근세의 임금수준은 정체경향이었다고 할 수 있습니다.
  이러한 '근면혁명'과 그 성과를 '경제성장' '경제발전'이라 부르지 않는다면, 그것은 다소 편향된 언어사용일 것입니다. 사실 그러한 농업생산력 증대와 인구증가는 귀족과 상층시민 등의 지배계급에게만 풍요로움을 창출하고, 문화를 키우고, 나아가 근세 유럽국가들의 군사혁명과 그것을 뒷받침하기 위한 근대적인 행정 · 재정기구의 정비까지 가능하게 만들었습니다. 그러나 오늘날의 우리에게 '경제성장'과 '경제발전'의 열쇠는 어디까지나 '노동생산성' 상승이라는 점 또한 분명한 사실입니다. 왜냐하면 노동생산성의 상승 없이는 1인당 소득의 증가와 평균적 생활수준의 개선이 불가능하기 때문입니다.

여기서 내생적 성장에 대해서 소개하기에 앞서 시곗바늘을 되돌려 20세기 말 이후의 '성장과 분배 이론'에 대한 관심이 되살아나는 데 밑받침이 된 것으로 추정되는 조류에 대해 알아보도록 하겠습니다. 그것은 노동경제학이라는 하위 장르입니다.

원래 노동경제학은 노동문제연구의 일환으로 자본가와 노동자의 계급대립을 분석하는 것이 그 목적이었습니다. 그러나 20세기 후반이 되면 그런 관심은 약해지고, 그 대신 이익을 추구하는 경제 주체로서의 노동자를 중심으로 그런 사람들의 행동이 기업경영과 경제 전체에 어떤 영향을 미치는지가 연구의 중심 주제가 되었습니다. 다시 말해 자본과 노동 사이의 분배 문제에 대한 관심이 줄어들고, 생산과 성장에 대한 노동의 공헌 가능성으로 초점이 옮겨갔습니다.

그러나 자세히 살펴보면 실정은 그렇게 간단하지 않습니다. 실제

경제역사가 에릭 L. 존스는 이러한 사정을 고려하여 '외연적 성장extensive growth'과 '내포적 성장intensive growth'이라는 구분을 제창했습니다. 전자가 기술혁신을 동반하지 않고 인구 증가를 동반하는 경제의 단순한 규모적 확대인 데 비해서, 후자는 생산성 상승과 생활수준 개선을 동반하는 질적인 변화입니다. 존스에 따르면, '외연적 성장'까지 경제성장의 일종으로 볼 수 있다면 경제성장은 근대 특유의 현상이 아니라 유사 이후 여러 차례 발생한 셈이 됩니다. 그러나 이러한 외연적 성장은 언젠가 반드시 환경제약에 부딪혀 종언을 맞이합니다. 기술혁신을 통해서 환경의 제약을 극복하고, 토지 등의 이용효율을 올림으로써 비로소 '내포적 성장'을 할 수 있습니다. 근면혁명, 농업혁명, 산업혁명은 바로 내포적 성장으로의 전환을 구분 짓는 사건입니다.

로 노동경제학에서는 눈에 띄지 않는 형태로 생산, 성장과 분배의 관계에 대한 논의가 착실히 계속됐습니다. 아마도 그런 움직임이 20세기 말 이후에 성장과 분배의 관계에 대한 관심이 다시 불타오르게 된 복선으로 작용했을 것입니다.

05

노동자 사이에 계층이 형성되다

정규직 · 안정고용 대 비정규직 · 불안정고용

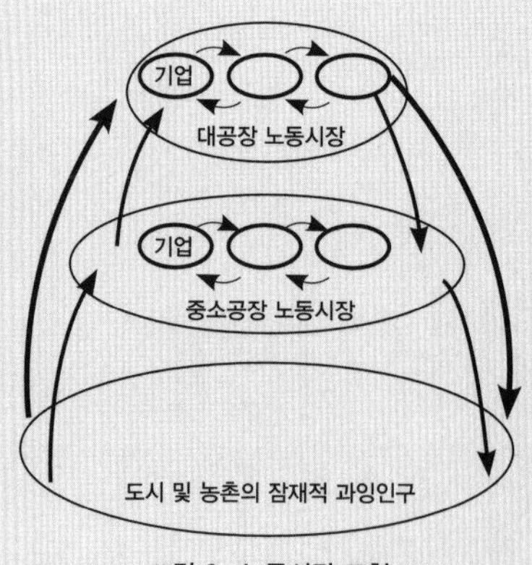

그림 3_ 노동시장 모형

신고전파의 '금융제도론'
—노동자가 자본가가 될 수 있다고 생각한 이유

——— 앞서 4장에서 소개한 노동경제학에 대해 더 자세히 살펴보기 전에 잠시 금융에 대해 생각해보겠습니다. 왜냐하면 이번 장에서는 과거 노동문제연구의 초점이었던 노동자와 자본가 사이의 계급대립이 20세기 후반에는 진부한 문제 설정이 되어버렸다는 것에 대해 다룰 예정인데, 그렇게 된 배경에 금융제도의 발전이 있기 때문입니다.

고전파 · 마르크스파의 경제학에서는 계급 간의 소득 · 부의 분배 문제는 자본축적 · 경제성장의 문제와 불가분의 관계라고 생각했습니다. 그러나 신고전파 경제학에서는 분배문제와 성장문제를 상대적으로 분리해서 이해했고, 많은 경제학자들의 관심은 성장문제 쪽으로 쏠렸습니다. 이것이 앞장의 끝부분에서 정리한 내용입니다. 조금 더 자세히 살펴보겠습니다.

고전파 · 마르크스파는 어떤 재산(저량=생산요소)을 보유하고 있는

지가 사람들이 속하는 계급, 나아가 행동원리를 결정한다고 상정했기 때문에 성장문제와 분배문제는 떼려야 뗄 수 없는 관계였습니다. 그에 비해서 신고전파에서는 이러한 의미의 계급개념이 사라졌습니다. 이것은 무엇을 의미할까요?

임금수준이 올라가 생존수준을 충분히 웃돌면, 처음에는 보유한 재산이 없기 때문에 남에게 고용되어 노동자가 될 수밖에 없는 무산자에게도 자본을 축적하거나 토지를 취득할 기회가 무시할 수 없을 정도로 커질 수 있다는 점에 대해서는 이미 설명했습니다. 그 밖에도 신고전파의 상정을 뒷받침하는 암묵적인 역사적 전제가 몇 가지 더 있습니다. 특히 중요한 것은 금융제도의 발전입니다.

'금융'이라고 한마디로 말해도 실제로 그 안에는 각양각색의 구조가 혼재되어 있습니다. 그중에서도 핵심은 '신용거래를 뒷받침하는 구조'일 것입니다. '신용거래'는 일단 '기간별 거래intertemporal trade'라고 이해하면 정확하지는 않아도 틀린 해석은 아닙니다. 예를 들어 돈을 대차하는 경우를 생각해봅시다. A가 얼마의 금액을 일정 기간이 경과한 뒤에 일정한 이자를 붙여서 갚는다는 조건으로 B에게 빌려주었을 때 빌려준 시점과 갚는 시점, 거래의 개시시점와 종료시점 사이에는 시차가 존재합니다.

우리가 표준이라고 생각하는 매매거래와 비교해봅시다. 엄밀히 말하면 매매거래도 예를 들어 가게에서 팔고 있는 상품에 대해서 구매자가 구입의사를 밝히고 판매자가 승낙해서 상품을 양도하는 과정에는 당연히 시간이 걸립니다. 그러나 그것은 필연적인 것이 아닙니다. 중요한 사실은 상품의 소유권 이전이 가능한 한 빠르게 이루어진다는 점으로, 걸리는 시간의 이상적인 극한은 제로입니다. 그에 비해서 돈 등의 대차일 경우에는 오히려 일정한 시간, 즉 빌린 사람이 그 빌린 돈 등을 사용해 어떤 행위를 할 시간이 개시와 종료 사이에 필연적으로 존재합니다. 그런데 시간의 경과가 존재하는 이상, 빌려준 사람은 이자라는 보수를 얻기 위해서 일정한 위험—빌린 사람이 약속대로 갚지 않을 가능성—을 감수해야 합니다. 그런 위험을 감수하면서 상대방을 '신용'하고 거래를 합니다. 그러나 그것만으로는 충분하지 않기 때문에 위험에 대처할 다양한 방법을 생각해낼 것입니다. 어차피 동일한 거래를 하는 경우라면, 조금이라도 신뢰할 수 있는 거래상대를 선택하는 것은 물론이고 배신하지 않도록 감시할지도 모릅니다. 그래도 여전히 배신당할 가능성 또는 악의에 의한 배신이 아니라도 불가항력적으로 거래가 파탄에 이르는 등의 위험은 남아있습니다. 그러므로 위험을 최대한 줄이기 위한 준비(보험 등)의 대처를 하게 됩니다.

물론 신용거래는 결코 돈 등의 대차에만 국한된 것이 아닙니다. 상품의 매매에서도 흔히 시차가 존재합니다(신용카드를 사용한 후불 또는 월부 판매를 떠올려주십시오. '신용(credit)' 카드는 그 이름 자체가 신용거래를 의미합니다). 실은 '매매'의 경우에도 일용품과 다량소비재 등의 소비자를 대상으로 하는 판매를 제외하면 애초에 어떤 완성품을 현금결제로

즉시 거래하는 경우가 오히려 예외적입니다. 제작에 시간이 걸리는 상품, 예를 들어 건물이나 고정자산설비의 주문생산을 생각해봅시다. 또는 기업 간의 거래에서는 설비, 신소재, 신종 부품 같은 새로운 상품을 그 개발까지 포함해서 발주하는 것이 일반적이기 때문에 역시 시차를 동반합니다. 돈의 대차를 중심으로 하는 좁은 의미에서의 '금융'은 그런 거래에도 관여하고 있기 때문에(신용카드회사는 소비자를 대신해서 제조사에 지불하고, 해당 금액을 소비자에게 빌려주는 형태입니다) 매매를 포함한 신용거래의 중심을 지탱하는 제도입니다.

그럼 다시 본론으로 돌아가봅시다. 결국 금융의 발전에 따라 투자의 양상도 변한다는 이야기입니다. 전형적인 고전파 · 마르크스파적인 상정에 따르면 투자의 주체는 이미 자본을 소유하고 이윤을 신규투자의 재원으로 삼을 수 있는 자본가(와 지주)뿐이었습니다. 그러나 금융시장이 발전하고 있다면, 무산자도 이론적으로는 금융업자에게 자금을 빌려서 투자할 수 있습니다. 물론 빌린 돈은 이자를 붙여서 갚아야 되기 때문에 이자를 상회하는 이익을 기대할 수 없다면 그런 투자는 실행되지 않습니다.

새로운 금융제도
– 주식

——— 투자의 대중화에 공헌했다고 평가받는 다른 하나는 주식회사제도와 주식시장입니다. 이것 역시 금융제도의 일부입니다.

고전파·마르크스파가 상정한 전형적인 기업과 자본가적 경영은 경영자가 동시에 자본가, 즉 회사 총체의 소유자인 형태였습니다. 주식회사는 (역사적으로는 이미 존재하고 있었지만) 예외적인 존재로 여겨졌습니다. 다시 말해 여기에서 말하고 있는 '자본가' '자본을 소유한다'는 것은 회사 전체를 소유하고 있거나 또는 타인에게 빌려줄 수 있을 정도의 자금을 가지고 있는 두 가지 경우밖에 없습니다.•

그런데 주식이라는 제도를 통해서 회사 전체를 소유(현재 회사를 소유하고 있지 않은 사람이 새로 어떤 회사를 획득하고자 할 경우에는 회사 전체를 매입할 수 있는 돈을 이미 가지고 있거나 또는 그에 상응하는 돈을 빌릴 수밖에 없습니다)하지 않고도 사람은 자본가가 될 수 있습니다. 주식을 소유함으로써 사람은 회사가 올린 이익에서 배당을 얻을 수 있고, 주주총회 등을 통해 경영에 참가할 수도 있습니다.

• 스미스는 동인도회사 같은 중상주의적 국책회사를 주식회사의 전형적인 예로 생각하고, 자유로운 시장의 기능을 손상시키는 부정적인 존재로 생각했습니다. 한편 마르크스는 주식회사가 가지고 있는 미래적 가능성을 날카롭게 파악했지만, 『자본론』 체계에는 효과적으로 반영하지 못했습니다.

이렇게 신고전파적인 세계관에서는 이미 앞서 이야기한 방법, 즉 적은 수입을 꾸준히 저축하는 길 외에도 자금시장에서 자금을 빌려 본인이 사업을 시작하거나 또는 소액이라도 주식을 구입해 타인의 사업에 참가하는 식으로 무산(노동)자도 자본가가 될 수 있는 길이 열렸습니다. 이것은 앞에서도 살펴보았듯 두 가지 의미를 담고 있습니다. 즉 한편으로는 소득 · 부의 분배문제를 단절되고 극복하기 어려운 계급 간의 격차로 생각하지 않고 어디까지나 개인과 개인 간의, 그리고 절단면이 존재하지 않는 연속적인 격차로 이해하는 방향성이 생겨났습니다. 그러나 다른 한편으로는 '부가 어떻게 분배되더라도 잘 조직된 시장제도만 존재한다면 그것들은 충분히 활용되고 최대의 생산량을 달성한다'는 발상이 분배문제에 대한 무관심을 불러왔습니다.

어쨌든 앞에서 주장한 내용, 다시 말해 금융제도의 발전은 분배문제의 설정이 계급문제에서 기본적으로는 개인 간—더 정확히 말하면 법인기업을 포함해 구체적인 경제행동 주체, 재산권 주체 사이—의 소득·부의 분배문제로 변하는 과정에서 적지 않은 역할을 담당했다는 내용에 대해서는 이해하셨을 것입니다.

그렇다면 이쯤에서 단락을 바꾸어 노동경제학, 즉 노동시장과 고용관계에 대한 분석을 검토해보겠습니다. 앞장의 마지막에서 언급한 것처럼 여기에서도 관심이 분배문제에서 생산·성장문제로 옮겨간 것을 확인할 수 있습니다. 또한 앞에서 금융에 대해 고찰하면서 자본·부의 분배를 문제로 삼는 경우에도 계급 간의 격차에서 개인 간의 격차로 관점이 변했다고 설명했습니다. 동일한 전개가 노동경제의 영역에서도 일어납니다. 그 과정에서 '인적자본'이라는 개념도 다시 주목을 받기 시작합니다.

존재감을 잃어가는 '노동문제' —노동경제학의 변화

———— 노동연구는 원래 경제학의 독점물이 아니라 제도 형성과 관련이 깊은 법학, 현실과 관련된 사회학, 심리학, 의학보건학 등이 뒤얽힌 학제적 연구영역입니다. 그렇기 때문에 국가마다 개성도 다양합니다. 하지만 어느 정도는 공통 유형을 발견할 수 있습니다.

20세기 전반까지 노동경제학은 대체로 노동조합 및 노동조합과 자본가적 경영, 그리고 국가와의 정치적 관계인 노사(노동과 자본) 관계에 초점을 맞추고 있었습니다. 다시 말해 이 무렵의 노동경제학은 계급관계 정치경제학의 성격을 강하게 띠고 있었다고 할 수 있습니다. 그러나 20세기 후반의 '인본자본개혁'을 통해 노동경제학에서는 탈脫'정치경제학'화가 추진되고 동시에 노사 간의 분배문제보다 노동자들 사이의 소득분배, 다시 말해 임금과 이윤을 둘러싼 쟁탈전보다 임금·노동 조건의 격차 문제에 더 초점을 맞추게 되었습니다.

원래 노동연구는 '노동문제연구', 즉 '노동문제'라는 '사회문제'를 연구하는 것을 의미했습니다. 20세기 전반까지 '노동문제'는 그저 단순히 '사회문제'의 일환이 아니라 '노동문제가 곧 사회문제'라는 인식이 지배적이었습니다. 한마디로 '사회문제'는 자본주의사회의 '문제'이며, 불평등한 계급사회인 자본주의사회의 계급대립이 그 핵심문제였습니다.

'사회문제'의 중심은 '빈곤문제'였지만, 19세기 중반이 되면 '자본주의사회의 빈곤자는 노동자계급(의 일부)이다'라는 이유를 들어 '노동문제'의 일환으로 취급됩니다. 농촌의 빈곤문제의 경우에도 고용노동에 대한 빈농의 의존이 높다면 그것은 바로 '노동문제'로 간주되었고, 그렇지 않은 경우에도 예를 들어 인구유출문제 등의 도시지역 노동문제와 관련지어 논하는 경향이 강해졌습니다. 여성문제나 인종민족문제도 20세기 전반에는 가볍게 여겨졌습니다. 노동시장의 인종 및 성차별 문제도 어디까지나 '계급문제'로서 '노동문제'의 일환으로 정의하는 경향이 강했습니다.

이러한 구도는 결코 마르크스주의의 전매특허가 아니었습니다. 이미 살펴본 것처럼, 그 기본구도는 고전파 경제학에서 확립되었습니다. 마르크스를 비롯한 사회주의자들은 그것을 도덕적인 악으로 고발하고 정치과제로 삼았을 뿐이었습니다. 혁명적 체제전복이 아니라 사회개량을 목표로 하는 온건한 사회정책론자, 노동조합주의자, 사회민주주의자 역시 이런 인식을 공유하고 있었습니다. 그들은 '계급투쟁'을 부정한 것이 아니라, 의회정치나 단체교섭이라는 합법적인 틀 안에서 '제도화'하기 위해 노력했습니다. 자유로운 시장에 맡겨두면 부는 자본가(와 지주)에게만 축적되고 노동자는 계속 가난하기 때문에, 이런 상황을 바꾸기 위해서는 정치적인 수단이 필요하다는 인식은 공유했습니다.

이러한 노동자와 자본가의 '계급투쟁'—임금 및 노동시간을 둘러싼 노사 간의 대립—과 함께, 과거 '노동문제'의 또 하나의 중심 문제는 실업문제였습니다. 마르크스파는 앞에서 살펴본 것처럼 '산업예비군'론을 통해서 이 문제 역시 '계급투쟁'의 틀 안으로 끌어들이고자 했습니다. 다시 말해 노동자와 자본가 사이의 투쟁에서 자본가가 항상 우위를 차지하는 요인의 하나로 '실업'이라는 존재를 제시한 것입니다. 노동조합주의나 사회민주주의의 경우 실업이 노동시장의 고정 요인이 되는 것을 방지하기 위해서 노동운동이나 사회경제정책 마련을 통한 대응을 요구하고 있습니다. 그 주체는 노동자계급의 이익을 대표하는 노동조합이나 노동자(노동조합주의나 사회민주주의에 입각한) 정당으로 상정되므로, 앞에서 설명한 '계급투쟁의 제도화' 노선을 따르고 있는 셈입니다.

이렇게 노동조합을 하나의 주역으로 삼아서 '총자본 대 총노동'이라는, 이른바 거시적인 대항관계를 상정한 것이 19세기 말부터 20세기 중반까지의 '노동문제연구' 구도였다면, 20세기 후반부터는 미시적인 전개가 노동연구를 주도하게 되었습니다. 그리고 노동연구는 '사회문제'로서의 '노동문제'에 대한 연구라는 성격도 약해지기 시작합니다.

고도성장기 이후 '사회문제'에서 차지하는 '노동문제'와 '빈곤문제'의 비중이 특히 선진국을 중심으로 낮아지기 시작합니다. 노동연구를 이끄는 문제의식은 '직장과 생산현장에서 노동자들의 실적을 결정하는 요인은 무엇인가?'로 변해갑니다. 다시 말해 생산력의 원천으로 노동이 지나친 주목을 받았습니다. 1980년대까지 이어진 '일본경제의 양호한 실적'에 대한 세계적인 관심도 그 초점은 '일본적 노사관계'와 '일본적 고용관행'이었습니다. 이러한 전개는 신고전파적인 '분배문제'와 '생산문제'의 단절과 무관하지 않을 것입니다. 하물며 선진국들에서 '빈곤문제'가 소멸되지는 않았지만 변질, 다시 말해 그것을 노동자대중 전체의 문제가 아니라 예외적인 소수자의 문제로 파악하는 분위기가 형성되기 시작한 것은 분명 관계가 있을 것입니다.

이러한 '노동'을 둘러싼 관심의 이동이라는 대대적인 변화가 진행되면서 집단적인 노사관계의 중심이 노동조합에서 각각의 기업으로 옮겨갑니다. 누가 뭐래도 기업은 자본주의사회에서 구체적인 생산의 주체로서 확실한 존재감을 가지고 있기 때문입니다.

노사관계의 변화
–노동조합

——— 과거에는 집단적 노사관계의 주역은 어디까지나 노동자 연대조직인 노동조합이었습니다. 교섭상대인 고용주(자본가) 쪽도 마찬가지로 경우에 따라서는 집단으로서의 업계단체나 경제단체였으며, 개별기업인 경우도 있었습니다.

특히 서구국가에서 19세기까지 노동조합운동을 주도한 것은 기계공 같은 고도의 숙련기능자들의 조합이었습니다. 그들은 모든 직장에서 통용되고 또한 경영자에게 의존하지 않는 기능을 바탕으로, 어디까지나 기업 외부에 생활기반을 두고 있는 존재였습니다. 다시 말해 지금 직장이 마음에 들지 않으면 쉽게 다른 곳으로 이동하고, 자기자본이 모이면 직접 경영자로 돌아설 수 있는 존재였습니다. 그러한 숙련공 조합의 중심 기능은 그들의 자유로운 노동이동을 뒷받침하는 직업소개나 공제기능이었습니다. 다시 말해 노동시장을 제한한다기보다 그 자체가 기업 외부에 존재하는 노동시장의 기반구조였습니다. 그러한 직업별조합craft union을 상대할 때는 고용주들도 단결해서 조직으로 대응하는 것이 일반적이었습니다.

그런데 노동자와 고용주의 관계는 보통 일대일이 아니라 한 명의 고용주—게다가 근대사회에서는 그 '한 명' 자체가 조직인 '법인'인 경우가 많아집니다—에게 복수의 노동자가 고용되는 경우가 일반적입니다. 그렇게 되면 그 독점적인 지위에 의해 고용주의 교섭력이 강해집니다. 이런 경우에 노동자들도 자신들의 교섭력을 강화하기 위해 조합이라는 조직으로 단결해서 '한 명'이 되는 것이 바람직하다는 주장도 자주 접합니다.

중공업이 발전하고 대기업이 증가한 19세기 이후 노동운동의 주역은 거대기업에 대항해 좀처럼 기업 외부로 나가지 못하는 (선불리 나가버리면 불리해지는) 노동자들이 어디까지나 기업 내부에서 단결한 유형의 조합이었습니다. 중공업화의 주역이 된 거대기업에서는 기술 역시 노동자가 자신의 숙련된 기능으로 지배할 수 있는 대상이 아니라 기업 측의 경영자나 전문기술자들에게 점유되었습니다. 그야말로 '지적재산'으로 독점되거나 자본설비와 분리될 수 없게 되었습니다. 노동자의 기능은 더 이상 직장을 떠나서도 통용되는 수준 높고 일반적인 숙련이 아니었으며, 특정한 직업에서 쌓은 고유한 경험이 큰 부분을 차지하게 됩니다. 게다가 생산설비가 거대하고 복잡한 구조로 변해서 각각의 노동자가 담당하는 직무는 극히 부분적인 단편에 불과하고 단순했기 때문에 그다지 숙련을 요구하지도 않았습니다.

이러한 상황에서 '마음에 안 들면 그만두지 뭐'라는 협박은 적어도 노동자 개인의 경우에는 오래 전에 사라져버렸습니다. 한 직장에 모인 동료들이 일치단결해서 머릿수의 힘으로 '요구가 관철될 때까지 우리는 일하지 않을 것이다'라는 식의 오늘날과 같은 파업

(집단파업), 나아가 그 위협을 바탕으로 이루어지는 단체교섭이라는 개념은 이 시기에 확립되었습니다.

그런데 그런 조합이 20세기 후반 일본의 전형적인 '기업별조합' 이었는가 하면, 반드시 그런 것도 아니었습니다. 다시 말해 역사적으로 노동운동을 앞서서 주도한 존재가 기업의 외부에 기반을 두고 기업 외부 노동시장을 통제하려고 하는 직업별조합이었기 때문인지 서구와 미국에서는 직장에 기반을 둔 조합은 '기업별조합'이라기보다 여전히 조직의 본체를 외부에 두고 있는 '산업별조합industrial union' '일반조합general union' 형태였습니다.

그러나 특히 20세기 후반의 경제발전에 따라 전통적으로 노동조합의 기반이 되었던 제조업 공장노동자의 비율이 감소합니다. 산업에서 상업과 서비스업, 직종에서 사무노동자나 접객노동자의 비율이 증가하자 노동조합도 변하기 시작했습니다. 가장 중요한 점은 주로 신흥산업을 대상으로 이루어진 조직화 확대에 실패하여 결과적으로 조직률이 전반적으로 저하되기 시작했다는 점입니다. 유지되는 조합의 경우에도 기업 차원의 조직으로 운동의 중심이 이동하는 경향이 나타납니다. 이것은 반대로 집단적 노사관계의 리더십이 노동조합 측에서 고용주(자본가)나 국가 측으로 이동해가는, 또는 노동조합보다 각 기업의 인사노무관리 및 국가가 노동시장에 대한 영향력을 강화해가는 과정으로도 해석할 수 있습니다.

여기에서 말하는 '리더십'은 세력의 강약을 의미하는 것은 아닙니다(단순한 교섭력의 경우 고용관계에서는 고용주 측이 우세한 것이 오히려 정상적입니다). 노사관계의 구체적인 틀, 즉 사회적 관행이나 법제도가 형성될 때, 누가 또는 어느 쪽이 그 기본적인 틀을 제공하는지에 대한 문제입니다. 장인적 성격이 강한 숙련공의 직업별조합에 대항하기 위해 경영자들이 단결하는 경우라면, 여기서 리더십을 차지하고 있는 것은 노동자 쪽입니다. 이 관계는 노동자 조합의 행동에 대항하기 위해서 경영자들이 움직였다고 이해할 수 있기 때문입니다. 단결을 통해서 조종해야 할 노동시장의 범위를 결정하는 것은 그곳에서 거래되는 노동, 나아가서는 (마르크스적인 표현으로는) 노동력과 (신고전파적인 표현으로는) 인적자본을 지배하는 숙련노동자의 조합 활동입니다. 자본가는 그것에 반응해서 행동합니다.

그에 비해 거대기업의 시대, 자본가와 경영자 측이 기술적 지식을 독점하기 시작하는 시대에는 기능과 기능의 내실을 지배하는 힘이 기업과 고용주 측으로 이동하고 있기 때문에 (이것은 '노동시장의 내부화 · 기업내화'라고 할 수 있습니다) 단순히 힘뿐만 아니라 상하관계의 상위를 의미하는 리더십에 있어서도 고용주 측이 우위에 있다고 할 수 있습니다.

여기서 한 가지 중요한 점은 산업별조합, 일반조합, 기업별조합과는 달리, 특정 기업에 현재 고용되어 있는 노동자를 조직의 주체로 삼으면 실업자를 범주에 넣을 수 없다는 점입니다. 이들 조직의 노동자는 직업별조합이 조직하는 숙련장인의 성격이 강한 노동자와는 달리 직업능력의 형성과 유지를 현재 고용되어 있는 기업과 직장에 크게 의존합니다. 따라서 직장을 벗어나면 교섭력의 담보가 되는 가치가 큰 폭으로 떨어집니다. 이 때문에 해고 등의 이유로 노동자가 기업 외부로 나가버리면, 조합원으로서 조직에 제대로 공헌할 수 없습니다. 그만두거나 해고를 당해서 직장을 떠난 노동자는 더 이상 단체교섭에 참가해 압력을 가할 수 없으며, 근본적으로 실직하면 조합비도 지불할 수 없습니다. 숙련장인이나 전문기능자에 비해 임금이 낮고 또한 자영업자로 독립하기도 어렵다는 점도 중요합니다. 때문에 조합이 조합원을 지키기 위해서는 우선 현재의 고용을 유지하는 일에 주력할 수밖에 없습니다. 해고된 동료를 지킬 힘은 거의 없습니다.

새로운 시대의 조합은 실업자를 조직화해서 조합의 동료로 삼아 자력으로 지킬 수 없습니다. 그렇다고 실업자를 방치하거나 동료가 아니라 적대자로 간주해 대치하면, 실업자는 조직노동자의 임금까지 끌어내리는 요인이 되어 노동시장에 등장합니다. 때문에 새로운 시대의 조합이 노동조합으로서 고용주와 대치하고 교섭력을 확보하기 위해서는 조합의 힘만으로는 지키기 어려운 실업자들이 적어도 조합에 방해가 되지 않도록 손쓸 필요가 있습니다. 그래서 많은 나라에서 선택한 방법이 바로 국가와 정부가 고용정책의 책임을 지는 것, 경제정책을 통해서 고용을 확보해 실업자의 증가를 막고 나아가 사회보장을 통해 실업자의 생활을 보장함으로써 노동시장의 사하중이 되지 않게 하는 것이었습니다. 결국 이제 노동조합은 자신들의 이익대표가 되어줄 정당을 발견하거나 또는 스스로 만들어 냄으로써 실업문제에 대처할 수밖에 없습니다.

노동시장의 계층구조 형성

——— 노동경제학과 경제학적 노동문제연구에서는 이러한 역사적 전환을 대략 '발전단계론'의 틀로 이해했습니다. 다시 말해 19세기 말 이후의 중화학공업이 주도한 자본주의 경제는 과거와 달리 거대기업에 의해 자유경쟁이 왜곡된 단계, 마르크스주의적인 용어로는 '독점자본주의' '제국주의' 단계로 이행했다고 이해했습니다.

이런 상황에서는 앞에서 살펴본 것처럼 거대기업 노동자는 기업마다 특수한 기능을 담당하기 때문에 아무래도 장기고용을 지향하게 됩니다. 한편 시장의 조정기능이 약화되어 쉽게 불황이 발생하고 장기화되기 때문에 당연히 실업자도 증가하고 일단 실직하면 실직상태가 장기화될 위험도 높아집니다. 이러한 상황에서 거대기업은 경기의 성쇠에 대처할 때 단순히 호경기가 되면 고용을 늘리고, 불경기가 되면 조업을 단축하거나 나아가 고용을 줄이는 식으로 대응하지 않게 됩니다. 적어도 장기적으로 고용하여 현장의 중추를 담당하는—관리 부문의 경우에는 경영자예비군이기도 한—노동자는 경기가 악화됐다고 당장 해고하거나 하지 않습니다. 그 대신 말단 업무의 대부분을 처음부터 별도의 신분이나 별도의 형태로 고용한 노동자에게 맡기거나 규모가 더 작은 기업에 하청을 주는 식으로 처리하고, 경기가 악화된 경우에는 그들을 해고하거나 거래를 중단합니다. 일종의 안전판 형태로 이용하는 것입니다. 노동시장의 이러한 계급구조—정규직 정사원과 파트타이머, 정규직 기술자와 비정규직 기술자, 모회사와 자회사 · 하청 같은 중층구조—가 대기업의 위상이 높아지는 20세기 자본주의하에서 형성되기 시작했습니다.

앞에서도 설명했지만 이러한 틀 아래서 노동연구는 점점 '사회문제' 연구적인 성격이 감소합니다. 선진국들은 물론이고 도상국에서도 경제성장의 가능성에만 초점이 맞춰지는 한, 노동연구의 초점은 노동자의 빈곤과 생활고보다는 노동자의 능력향상, 노동자를 활용하는 직장의 생산조직, 기업의 경영전략 쪽으로 이동할 수밖에 없습니다. 그러한 상황 속에서도 '사회문제'로서의 '노동문제'에 초점이 맞춰질 경우에 '노동 대 자본'의 대립이 아니라 '노동자 간의 격차 · 이해 대립' 쪽에 맞춰집니다. 다시 말해 '노동시장의 계층구조'가 초점이 됩니다.

계층구조가 발생하는 이유

——— 격차라고 해도 그 양태는 대략 둘로 나누어 생각할 수 있습니다. 하나는 기업과 경영 차원에서의 격차입니다. 대기업과 중소기업은 판매에 있어 지명도와 영향력 면에서 확연한 격차가 존재할 뿐 아니라 자금 조달에 있어서도 중소기업은 불리한 조건의 대출을 감수해야 하는 경우가 많습니다. 일반적으로 대기업이 우수한 기술을 가지고 시장을 지배하고, 중소기업은 열위에 놓여 있으며 도산의 위기도 높다는 인식 때문입니다.

그러나 '노동문제'로서의 '이중구조'에서 초점을 맞추는 부분은 물론 임금, 대우, 노동조건의 격차입니다. 대기업은 임금도 높고 실업의 위험도 낮은 데 비해 중소기업에서 일하는 사람은 수입이 낮고 불안정한 고용에 만족해야 한다는 격차가 대기업과 중소기업 노동자 사이에는 존재합니다.

문제는 이런 이중구조 또는 계층구조가 발생하는 이유입니다. 시장이 충분히 경쟁적이라면 경쟁력이 없는 중소기업은 처음부터 도태되어 대기업만 살아남게 될 것입니다. 게다가 제품시장뿐만 아니라 자금시장이나 노동시장에서도 그러한 시장의 압력을 가해올 것입니다. 어째서 중소기업 노동자들은 저임금에 만족할 수밖에 없을까요? 그들이 고임금의 대기업으로 이동할 수 없는, 또는 단체교섭을 통해 대기업 수준으로 임금을 인상하지 못하는 이유는 과연 무엇일까요?

이런 부분을 설명하기 위해서 마르크스 경제학자들은 '독점자본주의'라는 개념을 제시했습니다. 20세기의 주도적인 성장산업이었던 중화학공업은 거대한 고정자본설비가 필요하기 때문에 상황 변화에 재빠르게 대응할 수 없습니다. 설비를 갖추고 그것을 움직이기 위한 대량의 노동력을 훈련하는 데도 시간이 걸리며, 또한 일단 갖춰진 설비는 다소 경기가 나빠졌다고 해서 당장 정리할 수도 없습니다. 자연히 그런 기업은 시장에서의 행동이 둔해집니다.

그러나 한편으로 그런 기업은 어쩔 수 없이 거대한 자본설비와 대량의 노동력을 보유하고 있기 때문에 시장에서도 큰 영향력, 다시 말해 독점적인 지배력을 발휘할 수 있습니다. 그러한 시장 지배력이 둔한 움직임을 보완해 거대기업을 생존시킵니다. 그러나 그렇기 때문에 독점자본주의하에서는 자유로운 시장경제의 자기조정능력이 둔화되어 불황이나 실업이 발생하기 쉬워집니다. 그러한 불황과 실업의 피해를 줄이기 위해서 거대기업은 일부러 중소기업을 망하게 만들지 않고 남겨두면서 업무의 일부를 아웃소싱합니다(즉 하청으로 넘깁니다). 또는 종업원의 일부를 보조적·주변적 업무만 담당하는 비상근으로 묶어둡니다.

이러한 노동자를 '대기업 대 중소기업' 또는 그것과 완전히 동일하지는 않지만 겹쳐지는 '정규/안정고용 대 비정규/불안정고용' 등의 선에서 분단하는 힘이 노동의 수요 측(기업 측)으로부터 작용하고 있다면, 공급 측(노동자 측)은 어떨까요?

실은 초기의 노동조합운동을 주도한 직업별조합에는 원래 일부의 선택된 존재인 숙련기능공 조직이라는 배타적인 측면이 존재했습니다. 그러나 동시에 직업별조합은 그 조직기반을 개별적인 직장을 초월한 더 넓은 네트워크인 외부노동시장에 두고 있었기 때문에 취업상태인 노동자와 실업자 사이의 연대방식을 갖추고 있었다고 할 수 있습니다. 그에 비해 독점자본주의하에서 생산현장에 있어서 기술의 지배력과 기능형성의 리더십을 경영 측에 빼앗긴 노동자들, 다시 말해 그저 단순히 기업의 명령을 받을 뿐 아니라 교육되는 존재가 되어버린 노동자들은 숙련과 기능의 차이를 초월해서 직장 단위로 대동단결하지 않고는 교섭력을 얻을 수 없게 되었습니다. 즉, 이 시대의 주역인 산업별조합 그리고 훗날 일본의 기업별 조합은 직업별조합이 체현하고 있던 직능기능에 기반을 둔 배제의 논리의 제약을 받지 않았다고 할 수 있습니다. 그러나 물론 그 반면에 직장의 외부, 기업의 외부, 특히 노동조합의 손이 미처 미치지 못하는 비상근이나 중소영세기업 등의 불안정고용 노동자, 실업자 사이의 경계는 넘기 어려워졌습니다.

노동자 간의 격차는
결국 '인적자본'의 격차

지금까지 살펴본 논리는 마르크스 경제학이나 미국의 (구)제도학파 경제학 또는 독일의 역사학파 경제학과 사회정책학의 강한 영향을 받은 '전통적'인 노동문제연구였습니다. 이들은 전체적으로 노동시장과 노동경제는 기본적으로 '시장의 실패'가 강하게 반영되는 영역에 위치해 있다고 이해했습니다. 노동시장이나 직장의 노동관리에는 경제학이 묘사하고 있는 '시장의 논리'는 제대로 작용되지 않습니다. 사람들은 고정적인 사회관습에 구속되거나, 도덕이나 정치권력 또는 종교 등의 경제적 이익논리와는 별개의 논리에 따라 움직이는 경우가 많습니다. 그러한 시장 이외의 다양한 사회적 맥락, 자연환경, 기술 등이 시장의 작용에 미치는 제약과 구속을 중시하는 것이 노동경제학은 물론 농업경제학, 금융론, 개발경제학 등의 전통적인 '응용경제학'이 20세기 중반까지 가지고 있던 기본적인 발상이었습니다.

그에 비해서 1960년대 무렵부터는 '시장의 실패'를 중심과제로 간주하기 시작한 개발경제학, 농업경제학, 노동경제학을 (구)제도학파적인 절충주의가 아니라 신고전파 경제학의 입장에서 일관된 논리로 재편해가는 분위기가 고조됩니다. 미국 시카고대학교에 거점을 두고 있던 시어도어 슐츠Theodore Willam Schultz, 1902~1998와 게리 베커Gary Stanley Becker, 1930~2014가 그 중심인물이었습니다.

간략하게 설명하면, 그들은 인간 사회와 생활 속에서 시장이 성립되지 않은, 그리고 시장이 침투하지 않은 영역에서도 인간은 경제학이 상정하는 의미에서의 '합리적'인 의사결정을 하는 경우가 많을 것이라고 상정하고 그 같은 발상을 철저히 적용합니다. 예를 들어 화폐적인 가치로 계산되지 않는 가사노동에 대해서도 실은 (의식하든 의식하지 못하든) 화폐적인 가치가 부여되어 가정 외부의 시장에서 대가를 지불하고 구입할 수 있는 재화나 서비스(외식이나 가사도우미 등) 같은 대체가능한 선택지와 비교형량比較衡量한 결과, 가정 내부에서 자기(또는 가족)가 직접 하는 편이 유리하다고 판단했기 때문에 가사노동을 하는 것이라고 해석합니다. 그렇다면 이론적으로는 가사노동에 대해서도 시장적인 화폐 가치를 부여할 수 있게 됩니다.

이러한 발상에 의거해 특히 베커는 시장이 표면적으로 침투해 있지 않다는 이유에서 전통적으로 경제학의 대상에서 제외되어온 다양한 사회적 사상事象에 경제학적으로 과감히 접근했습니다. 그렇게 전개된 그의 '가사의 경제학'을 비롯한 '결혼의 경제학' '출산육아의 경제학' 심지어 '범죄의 경제학' '자살의 경제학' 같은 연구는 처음에는 실소와 격노의 대상이 되어 '경제학 제국주의'의 화신이라는 비판을 받았습니다. 그러나 초기의 (긍정과 부정 양쪽 모두의) 열광에서 벗어나자 베커적인 접근은 어디까지나 '하나의 새로운 견해'라는 측면에서는 크게 유익하다는 사실을 알게 되었습니다. 주로 무상노동자인 전업주부가 가사를 전담하던 시대가 오히려 특수한 경우라는 점, 임금노동자인 가사사용인은 보기 드문 존재가 아니라는 점, 또한 결혼은 애정에 의해서(만)가 아니라 경제적 타산에 의해서(도) 이루어진다는 점 등 역사를 조금만 되돌아보면 분명히 알 수 있습니다.

이러한 개념을 바탕으로 슐츠와 베커 등은 마셜 이후의 '인적자본'에 대한 발상을 대담하게 추진해 이론유형을 구축하고 나아가 실증분석의 도구로 삼기 시작했습니다. 다시 말해 인적투자의 차이가 훗날의 임금, 수입, 노동조건의 차이를 낳는다고 주장한 것입니다. 인적투자는 학교교육이나 공식적인(공적훈련시설, 직업별조합, 도제수업 등) 직업훈련 형태인 경우도 있지만, 비공식적으로 직장에서 눈동냥으로 배우는 기능습득 등도 포함됩니다.

공식적인 훈련의 경우 훈련에 비용이 투입됨을 쉽게 알 수 있습니다. 학교에 다니는 경우에는 일반적으로 학비가 필요하고, 도제수업의 경우에는 견습 기간은 무급인 것이 일반적이기 때문에 무상노동에 해당하는 비용을 부담하는 것으로 볼 수 있습니다. 경제학적인 관점에서 보면, 교육기간 동안은 돈을 벌 수 있는 다른 노동을 할 수 있는데도 일부러 그것을 포기하고 교육훈련에 시간과 노력을 들이고 있는 셈이기 때문에, 의도적으로 포기한 '얻을 수 있었던 수입' 역시 교육훈련에 들어간 비용으로 계산됩니다. 이러한 '비용'을 경제학에서는 '기회비용opportunity cost'이라 합니다.

그리고 이 '기회비용'이라는 발상을 고려하면, 확실히 '직업훈련'이라는 형태가 아니라, 비공식적으로 직장에서 눈동냥으로 배우는 기능습득도 '투자'라는 것을 알 수 있습니다. 일을 시작한 지 얼마 되지 않을 때는 임금이 낮지만 근속기간이 길어질수록 임금이 올라가는 식의 흔히 볼 수 있는 임금곡선도 역시 일을 시작한 초기에는 노동자의 생산에 대한 기여분에서 훈련비용이 제외되기 때문에 임금이 낮고, 경험을 쌓아 훈련이 필요 없어지면 그만큼 임금이 올라가는 것으로 이해할 수 있습니다.

이렇게 베커 등이 재도입한 '인적자본'이라는 개념은 노동시장의 계층구조를 노동자 측의 훈련비용 부담(인적투자) 능력 차이로 설명하는 논리를 제공합니다. 앞에서 설명한 마르크스 경제학적인 '독점자본주의'론은 노동수요에 중점을 둔 논리로, '그렇다면 어떻게 핵심적인 노동자와 주변적인 노동자를 선별하는가?'에 대한 설명이 부족했다면, 이 논리는 노동공급 측면에서 그것을 보완할 수 있습니다. 다시 말해 기업은 단지 단순히 자의적으로 차별적인 채용을 하는 것이 아니라 학력과 직업훈련경력 등에 따라 노동자를 선별하고 있다고 말입니다.

그 밖에도 베커는 '일반훈련'과 '특수훈련'의 구별이라는 중요한 관점을 도입했습니다. 여기에서 '특수special' '일반general'을 구별하는 기준은 노동이나 기능(지식이나 신체를 움직이는 방법)의 구체적인 내용이라기보다는 특정 기업·직장에 필요한 고유한 기능인지 그렇지 않은지의 차이입니다. 극히 고도의 복잡한 숙련기능일지라도 공적인 자격제도의 후원을 받는 전문기능(예를 들어 의사나 법률가 같은)을 취득하는 데 필요한 훈련은 '일반적'입니다. 간략히 요약하면, 베커는 기업(고용주)은 '일반훈련'의 비용을 부담할 동기가 없기 때문에 노동자 측이 그 비용을 부담하는 경향이 강하지만, 특정한 기업이나 직장의 고유한 기능을 위한 '특수훈련'인 경우에 노동자는 그 비용을 부담할 동기가 없기 때문에 기업이 부담해야 한다고 주장합니다. 이 주장도 앞에서 설명한 노동시장의 계층구조론과 보완적으로 사용할 수 있습니다.

그렇지만 노동시장의 계층구조에 대한 이러한 접근방식은 그저 단순히 서로 보완한다기보다 일종의 긴장관계에 있다고 보는 편이 맞을지도 모릅니다. 전자의 노동수요적 관점에서의 접근은 '시장의 실패'에 주목합니다. 다시 말해 20세기 중화학공업이 주도한 산업경제하에서 시장체제는 순조롭게 작용하지 못했고 그것이 노동시장에도 큰 영향을 미쳤다고 생각합니다. 반면, 후자의 '인적자본'론은 반드시 그런 발상을 따르지 않습니다. '인적자본'의 발상을 부흥시킨 슐츠와 베커는 흔히 말하는 '시카고학파'의 대표로 여겨집니다. 그러나 오히려 '시장이 존재하지 않는 곳'에서도 '실질적인 시장'을 발견함으로써 경제학의 범위를 확대한, 굳이 부정적으로 표현하면 '시장원리주의자' '경제학 제국주의자'입니다. '인적자본'의 논리만으로 임금격차를 설명하고, 그것을 '시장의 실패'와는 무관하게 오히려 '시장의 논리'를 관철시켜서 묘사하는 이유도 그들의 입장에서는 그쪽이 더 자연스럽기 때문입니다.

'인적자본'은 개인이 아닌 팀의 소유?

——— 지금까지 20세기, 신고전파가 패권을 장악한 이후의 '분배문제'와 '생산문제' 분리라는 방향성을 따라서 노동경제학을 살펴보았습니다. 노동연구의 초점이 결국 분배보다 생산으로 옮겨지고, 나아가 분배문제를 다루는 입장에서도 '노동 대 자본' 구도가 아니라 노동자 간의 격차(조직노동자인가 아닌가, 대기업인가 중소기업인가, 정규직인가 비정규직인가 등)로 초점이 이동한 것처럼 보입니다. 그리고 노동자 간의 소득격차는 선천적인 능력차와 인적투자의 차이에 따른 것으로 간주됩니다. 그것이 내포하는 의미는 첫째로 자원 활용이라는 관점에서 효율적이며, 둘째로 자본시장이 충분히 효율적이라면 노동자 간의 격차를 방치하든 격차를 수정하기 위해 인적투자 분배를 다 평등하게 만들든 결과적으로는 차이가 없다는 뜻입니다. 그러나 노동연구의 내용을 자세히 검토해보면, 이야기는 그렇게 간단하지 않습니다.

'인적자본'론적 발상에는 분명히 어느 정도 개인주의적인 경향이 존재합니다. 고용노동자는 최소한 고용주와 '팀'을 구성하는 존재이며, 일반적으로 한 명의 고용주가 다수의 노동자를 고용하기 때문에 동료와도 '팀'을 구성합니다. 그런데 '인적자본'론은 기업에서 일하는 노동자 개개인의 수입을 규정하는 요인을 그 당사자인 노동자(본인 내지 그 부모)가 부담한 인적투자로 최대한 환원하고 있습니다. 물론 그것으로는 모든 것을 설명할 수 없습니다. 앞에서 살펴본 것처럼, 그리고 '인적자본'론의 중심인물인 슐츠와 베커가 명확히 밝힌 것처럼, 노동자 개인에게는 특정 직장이나 기업의 고유한 기능에 대한 훈련비용을 부담할 동기가 없습니다. 그렇다면 그러한 기업·직장의 고유한 기능은 구체적으로 어떤 것일까요? 어째서 그런 외부화할 수 없는, 다시 말해 외부의 시장에서 자유롭게 조달할 수 없는 특수한 기능이 발생했을까요?

그 원인으로는 다양한 사정을 생각해볼 수 있습니다. 농업 같은 1차 산업에서 전형적으로 나타나지만, 제조업에서도 직장·작업장이 처한 환경과 설비의 물리적 특성 같은 자연적 요인은 무시할 수 없습니다. 그러나 적어도 그중 하나는 직장에서의 팀이 구체적이고 개성적인 인간집단이 되어버려서 그 집단의 특징이 팀원 개개인의 생산성을 좌우하는 것이라고 할 수 있습니다. 한마디로 팀은 단순한 개개인의 집합체가 아니라는 뜻입니다. 혼자서는 들기 힘든 무거운 짐을 집단으로 운반하는 예처럼 혼자서 일하는 것보다 집단으로 일하는 것이 효율적인 일이 있다는 말입니다.

집단작업과 협력으로 생산성이 향상되는 이유는 물론 다양하고 복합적입니다. 바로 앞에서 예로 제시한 무거운 물건을 들어 올리는 경우와는 또 다른, 상당히 유명한 예 중에는 애덤 스미스가 『국부론』에서 핀생산의 사례(제1편 제1장)를 들어 설명한 '분업' 효과가 있습니다. 일련의 공정을 모두 혼자서 처리하는 장인을 10명 모아 놓는 것보다 단순한 10개의 작업단위로 공정을 분할해서 한 사람의 장인을 각 단위에 특화시키는 팀의 생산성이 더 높다는 설명입니다. 기업마다 직장마다 고유한 기능이 발생하는 이유는 전형적으로 이렇게 이해할 수 있습니다.

이러한 팀 내의 구성원 각자의 작업과 노동 사이에는 대체성보다 호완성이 강하게 작용합니다. 어떤 작업을 담당하는 구성원이 갑자기 회사를 그만뒀다고 가정해봅시다. 이 경우 새롭게 그 일을 담당할 인원을 대신 고용해서 배치하는 이외에 다른 방법은 없을까요? 각각의 작업 사이에 어느 정도의 대체성이 존재한다면, 다른 작업의 양을 늘려서 결여된 부분을 보충할 수 있습니다. 신고전파의 특징은 이러한 '투입요소 사이에 어느 정도의 대체성이 존재한다는 사실'을 기준으로 사고하는 것이라고 이미 앞에서 살펴보았습니다. 그러나 하나의 직장, 하나의 생산 라인일 경우, 각 공정을 담당하는 각각의 작업 단위와 일 사이에는 대체성이 별로 작용하지 않습니다. 대규모의 복잡한 생산기술일 경우, 개별적인 부분공정을 담당하는 노동자의 작업 사이에는 물론이고 노동과 원자재나 자본설비

사이에도 대체성은 그다지 작용하지 않습니다. 오히려 보완성이 강하게 작용한다는 것은 쉽게 알 수 있습니다. 이러한 상황에서는 때때로 규모에 관한 수확체증, 다시 말해 경영규모를 키우면 키울수록 생산성이 높아지는 현상이 발생하기도 합니다. 이런 사정도 기업이 직접 비용을 부담해서 양성한 노동자를 장기간 책임짐으로써 고용을 안정화하는 이유 중 하나입니다.

'규모에 관한 수확체증' 또는 '규모의 경제'는 보기 드문 현상이 아닙니다. 처음에 큰 규모의 고정설비를 만들지 않으면 전혀 생산이 불가능하지만, 일단 갖춰진 고정설비가 그대로 장기간 계속 사용할 수 있는 기술이라면 반드시 이러한 '규모의 경제(생산량을 늘리면 늘릴수록 생산성이 올라가고 제품단가가 내려가는 일)'가 나타납니다. 신기술이 채용된 경우는 생산 개시 초기에 비해 조업이 계속되면서 관계자 사이에 경험이 축적되어(물론 직장집단인 팀으로서의 성숙도 여기에 포함됩니다) 결과적으로 생산성이 올라가는 현상을 경제학과 생산공학 분야에서는 '습숙곡선learning curve'이라 부릅니다. 이 경우에는 시간이 지나 경험을 쌓을수록 조업규모도 확대되는 경우가 많기 때문에 적어도 표면적으로는 '규모의 경제'가 나타납니다.

그러나 이러한 수확체증은 영속적인 것이 아닙니다. 대개 모든 생산기술에서 머지않아 규모에 관한 수확일정에 도달한다는 사실이 암묵 속에 상정되어 있습니다. 또한 앞에서 설명한 것처럼, 분업이 성립되기 위해서는 한곳에서 협력하는 팀이 필요하지만 일단 그

수법이 확립되어 절차가 표준화되면 반드시 동일한 경영하에서 체계화된 집단으로 이루어질 필요는 없습니다. 각 작업 단위를 따로 분리해서 시장을 통해 외주, 즉 하청에 맡기는 일도 가능합니다. 이렇게 기업과 직장의 고유한 기능이 외부시장에서 조달할 수 있는 일반적인 기능으로 변화됩니다.

문제는 어느 쪽을 더 표준적이라고 상정해야 하는지입니다. 이것은 인간의 노동을 분해할 수 없는 팀을 주체로 할 것인지, 그렇지 않으면 시장을 매개로 이루어지는 분업으로 조합할 수 있는 단편 주체로 할 것인지의 문제라고도 말할 수 있습니다. 신고전파, 아니 고전파까지 포함한 경제학의 주류는 오랫동안 후자의 방식을 택해 왔습니다. 전자는 경영학이나 사회학, 공학의 영역이었습니다.

그러나 마르크스와 조지프 슘페터Joseph Alois Schumpeter, 1883~1950 이후 자본주의를 '기술혁신을 계속적으로 동반하는 시장경제'로 이해하기 시작하면서 어쩔 수 없이 양자를 모두 수용하게 되었습니다. 실제로 20세기 말 이후의 경제학은 그런 방향으로 나아가고 있습니다. 다시 말해 기업 내부의 직장 차원이나 기업 간의 관계에서도 시장에서의 경쟁관계뿐 아니라 협조와 기술제휴, 청부관계 같은 일반적으로 (개방적이고 유동적인 '시장'과 비교해) 폐쇄적이고 지속적인 '조직'이 분석의 새로운 초점이 되었습니다. 앞에서 "20세기 후반의 노동 연구는 더 이상 노동 '문제'에 대한 연구가 아니었으며, 분배보다 생산으로 관심이 이동했다"고 설명했습니다. 그런 변화는 이러한 흐름 속에서도 파악할 수 있습니다.

신기술 개발에 대한 자극을 부여하는 것은 바로 시장 안에서의 격렬한 경쟁입니다. 그러나 그러한 신기술 발전과 실용화의 경우에는 각각 독립적으로 일하는 사업자들이 시장을 매개로 연결되는 분업만으로는 부족하기 때문에 물리적이고 대면적인 접촉을 동반하는 밀접한 커뮤니케이션 네트워크나 팀이 필요합니다. 이 경우 적어도 신기술이 확립되고 표준화될 때까지는 참가자의 기능에 해당 네트워크나 팀의 고유한 성질이 강하게 나타납니다. 고용관계가 중심인 기업은 이러한 네트워크나 팀을 조직하는 전형적인 수단입니다. 일단, 기업 사이에서는 경쟁이 치열해도 기업 내부에 고용되는 노동자 사이에는 경쟁 이상으로 긴밀한 협력관계가 필요하다고 정리해둡시다. 자, 그렇다면 결과적으로 어떻게 될까요? 기업 차원 또는 협동하는 네트워크와 팀의 차원에서는 생산과 분배 문제를 분리할 수 없게 됩니다.

무임승차와 경영자의 필요성

——— 앞에서 기업과 직장에 필요한 특수한 기능에 있어 고용되는 노동자 측에는 그것에 투자할 동기가 없으므로 고용주 측이

훈련비용을 부담해야 한다고 설명했습니다. 그 이유는 무엇일까요? 그런 결론이 나오기 위해서는 '고용되는 노동자에게 직장은 어디까지나 일시적으로 머무는 장소일 뿐이며, 그 장소에 대한 계약은 존재하지 않는다'는 전제가 필요했습니다. 직장 그리고 기업을 부흥시킬 이유가 없으며, 그저 고용주가 문제 없이 급료만 제대로 지급해주면 된다고 생각하는 노동자가 그 직장을 떠나면 더 이상 가치 없는 기능을 습득하는 데 관심을 가질 리가 없습니다.

바꿔 말하면 여기서 요점은 '노동자인가? 고용주인가?'가 아니라 '직장과 기업, 그 자체에 관여하고 있는가? 아닌가?'입니다. 고용주가 기업과 직장의 특수한 훈련비용을 부담하는 이유는 기업의 소유주=자본가(에 가까운 입장)로서 기업가치의 유지에 관여하고 있기 때문입니다. 다시 말해 고용되는 노동자도 기업가치 그 자체에 관여할 이유가 있다면 본인이 비용을 부담할 이유가 생깁니다. 문제는 그러한 동기가 어떻게 하면 발생하는지입니다.

자본가 또는 그 대리인이 고용주인 기업은 말하자면 팀을 조직하는 비용의 대부분을 자본가가 부담하는 대신에 팀을 조직해서 얻는 이익도 역시 자본가가 독점하는 구조입니다. 팀을 조직함으로써 개개인의 노동자가 혼자 일해서는 달성할 수 없는 수준의 생산성을 실현하지만, 그 이익의 대부분은 자본가가 가져갑니다. 노동자 개인에게는 개인적으로 따로 일하는 경우에 얻을 수 있는 수입과 동일하거나 그보다 조금 더 많은 임금만 지불하면 필요한 노동력을 충분히 확보할 수 있습니다.

그렇다면 자본가 없이 팀 생산의 이익을 실현하기 위해서는 어떻게 해야 하는지에 대해서 생각해봅시다. 노동자 협동조합을 실현시키기 위해서는 고용관계에서는 자본가(고용주)가 담당해온 팀 편성과 경영관리 비용을 노동자들이 직접 부담해야만 합니다. 그 비용에는 당연히 해당 팀의 고유기능 형성을 위한 훈련비용도 포함됩니다.

문제는 이러한 팀의 고유기능 습득을 위한 훈련비용 지출, 나아가 팀의 경영관리를 위한 노력은 팀의 구성원들이 협조해서 부담하지 않으면 효과를 거의 발휘할 수 없습니다. 다시 말해 모두가 게으름을 피우고 한 사람만 노력한다면 그 노력은 거의 효과가 없습니다. 만약 팀의 규모가 크다면 구성원 개개인에게는 최선을 다하지 않고 비용을 제대로 부담하지 않는 '무임승차free rider'라는 유혹이 발생합니다. 한 명이 게으름을 피운 정도로는 피해가 크지 않겠지만 구성원 모두가 자신의 일을 소홀히 한다면 팀은 더 이상 유지될 수 없습니다.

이런 일을 방지하기 위해서는 각 구성원이 임무를 게을리 하지 않도록 감시 업무를 확실하게 마련하는 것이 효과적입니다. 하지만 그러기 위해서는 응분의 보수가 필요합니다. 그 보수를 팀 생산의 이익에서 제공하면 어떻게 될까요?

예상되는 가장 극단적인 경우는 이 감시자, 다시 말해 고용된 경영자가 팀 생산 이익을 대부분 독점하는 것입니다. 그렇게 되면 감시자는 자신의 이익을 최대화하기 위해서 열심히 노력해 최선의 결과를 올리겠지만, 반면에 일반 노동자들에게는 팀의 외부에서 얻을 수 있는 수입 정도의 보수밖에 남지 않을 것입니다. 이렇게 되면 팀의 실상은 자본가적 경영 때와 거의 아무것도 달라진 것이 없습니다. 고용된 경영자는 설령 팀의 구성원 중에서 선출되었더라도 이제는 팀의 일원이나 동료라기보다 그 외부의 존재입니다. 반대로 경영자의 보수가 너무 낮다면 열심히 일하지 않아서 일반노동자의 무임승차를 효과적으로 방지할 수 없을 것입니다. 현실에서는 이러한 양극단 사이에서 교섭이 이루어지고 있습니다. 다시 말해 팀 구성원 사이에서 이루어지는 보수의 분배는 팀의 생산 성과로 직결됩니다.

지금까지 노동자 협동조합은 경영자가 필요하며, 그 경영자는 결국 자본주의적 성질을 띠게 된다는 내용을 고찰했습니다. 그렇다면 자본가적 경영은 이러한 문제가 발생하지 않을까요? 실은 그렇지도 않습니다. 팀 생산의 이익을 전부 가져가버리는 고용주의 이미지는 말하자면 이론상의 극단적인 예입니다. 고용주는 노동자 개개인에게 어떤 일을 어떻게 시킬 것인지 일일이 고안하고, 꾸준히 지시하고, 필요하다면 제재도 가하는 전지전능한 지도자입니다. 현실의 자본가적 경영의 경우, 자본가(고용주)는 대규모의 팀을 경영하기 위해서 관리업무를 보조할 다수의 인원과 중간관리직이 필요합니다. 이러한 관리 직무를 담당하는 사람들에게는 그들이 기업 외부에서 얻을 수 있는 수입에 추가하여 팀 생산의 이익을 분배해줘야 합니다. 때문에 자본가적 경영의 경우에도 그것이 '팀'이라면 분배와 생산의 관계는 변하지 않습니다.•

'불평등 르네상스' 전야

——— 지금까지 살펴본 바에 입각해 생각해보면, 노동경제학에서의 '노동문제'의 후퇴, 나아가 거시적 차원에서의 분배문제에 대한 관심의 후퇴, 생산문제로의 초점 이동은 동시에 생산문제의 초점으로 개별경영, 기업 차원에서의 생산과 분배의 불가분성에 주목하게 만들었다고 정리할 수 있을 것입니다. 이렇게 1980년대에는 기업 차원의 노사관계나 기업지배구조corporate governance, 사무제휴와 하청, 지역산업 집적 같은 기업 간의 네트워크를 둘러싼 '조직의 경

• 실제로는 여기에 자본수익의 분배 문제도 추가됩니다. 즉 자본가적 경영은 사실 단순히 많은 노동자의 팀 생산을 실현하기 위한 제도가 아닙니다. 전형적인 자본가적 경영은 단독 자본가(경영자)가 그 전부를 소유하고 있는 것이 아니라 복수의 자본가들로 구성된 협동조합(출자자들의 팀)이기도 합니다. 극단적으로 이상적인 자본가적 경영의 경우에는 자본가들이 배당 또는 자본이득capital gain이라는 형태로 팀 생산 이익의 대부분 흡수하지만, 실제로는 경영을 위임받은 대표조직과의 사이에서 분배문제가 발생합니다.

제분석'이 경제학의 인기분야가 되었습니다. 그리고 이 흐름은 사실 20세기말에 격차와 불평등에 대한 관심이 다시 불타오르는 데 있어 하나의 복선을 제공했습니다. 이 책에서는 불평등 논의의 이러한 새로운 단계를 '불평등 르네상스'라고 부르도록 하겠습니다. '불평등 르네상스'는 불평등 그 자체는 물론이고 분배와 생산, 성장과의 관계에 대한 관심의 부활을 의미합니다.

06

성장과 분배 문제를 다시 생각하다

불평등 르네상스 ①

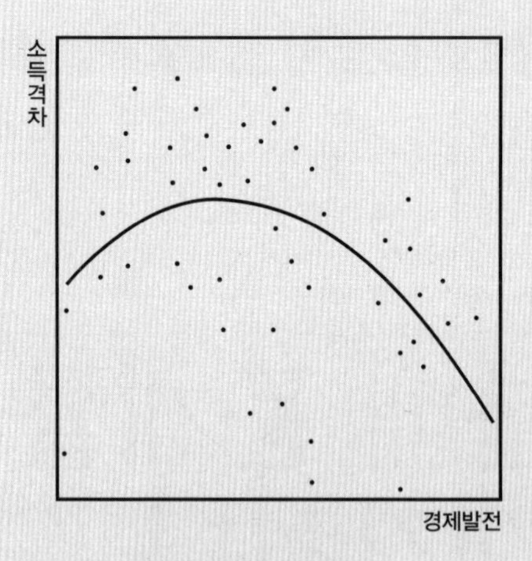

그림 4_ 쿠즈네츠의 역U자형 곡선
(1인당 GDP 수준과 격차의 지표)

'불평등 르네상스'란 무엇인가?

——— 앞의 4장에서도 설명했지만 '쿠즈네츠 곡선(역U자형 곡선)'은 경제적 불평등, 한마디로 수입과 소득분배의 불평등은 경제발전과 함께 점점 확대되지만 그 속도는 점차 둔화되고 결국에는 역전된다는 내용입니다. 사이먼 쿠즈네츠Simon Kuznets, 1901~1985가 이 연구를 한 것은 1950년대로, 그가 제시한 것은 오늘날의 경제학적 기준으로는 이론이라기보다 상당히 대략적인 역사관에 불과하지만 다음과 같은 내용이었습니다.

농업주체의, 지역적인 범위에 한정된 전통적인 경제에서는 사람들의 생산 형태는 균질하며 불평등 정도는 그다지 높지 않다. 그러나 경제의 발전, 특히 산업화 나아가 도시화 이후에는 불평등 정도가 높아지기 시작한다. 이것은 도시 중심의 신흥산업 쪽이 소득이 높아서 농촌에 남겨진 전통적인 지역과의 격차가 커졌기 때문이다. 또한 도시 지역의 신흥산업(제조업, 상업 서비스업) 지역의 경우는 그 안의 다양성과 격차가 크기 때문이기도 하다. 그러나 이러한 격차는 산업화 과정의 이른바 과도적인 것이다. 산업화가 진행되면 도시지역과 근대적인 산업지역으로의 인구이동도 진행되어 이러한 과도적인 격차는 소멸될 것이다. 게다가 사회보장과 재분배정책의 효과도 적지는 않다. 이렇게 산업화 과정에서는 일시적으로 격차가 확대되지만, 일정 수준을 넘으면 격차는 축소되기 시작한다.

쿠즈네츠의 독자적인 논문이 발간된 것은 1955년입니다. 본격적인 전후부흥, 다시 말해 전쟁 이전으로의 회복이라는 영역을 벗어난 본격적인 고도성장의 전야라고도 할 수 있는 시기였습니다. 그러나 국토에 직접적인 전쟁 피해를 입지 않았던 미국은 이때 이미 고도성장 그리고 대량소비 시대에 돌입해 있었습니다. 그리고 실제로 그 이후에 서구와 일본에서 진행된 본격적인 고도경제성장은 도시지역과 농촌지역, 대기업과 중소영세기업 사이의 '이중구조'적인 격차를 축소시켰습니다. 물론 격차는 완전히 해소되지 않았지만, 고도성장은 이른바 '최저 수준의 향상', 최하층을 포함한 전반적인 소득상승을 실현하기 시작합니다. 과거의 그야말로 '식량문제'적인 생존의 위기를 초래하는 빈곤문제가 선진국에서는 '대중적 빈곤'이 아니라 '불운한 소수의 문제'가 되기 시작했습니다.

오히려 '빈곤문제'는 도상국의 문제, 한 나라 수준의 문제라기보다 전 세계적인 규모의 문제로 파악하게 되었습니다. 그런 상황 속에서 빈곤과 격차는 말하자면 '발전단계'의 문제, 즉 경제성장이 달성되기까지의 과도적인 문제로 간주되었습니다. 그것은 분명히 '대중적인 빈곤'이었지만, 지구상의 전 인류라는 하나의 사회(글로벌 사회) 속에서의 분배문제가 아니라 각 국가의 국내문제, 그리고 분배문제라기보다 절대적인 생산력이 부족하다는 생산문제와 성장문제로 간주되었습니다. 이러한 동향은 앞에서 언급한 신고전파적 세계관과 서로 대응하고 있습니다.

그런데 20세기 말이 되면서 이런 상황은 변하기 시작해 마치 '불평등 르네상스'라 부를 수 있을 정도로 그 기운이 높아지기 시작합니다. 구체적인 예로는 선진국들, 좀 더 범위를 넓히면 1980년대 이후에 선진국을 따라잡는 데 성공한 신흥공업국이 포함된 OECD 국가들에서 국내격차, 즉 일국수준의 경제적 불평등이 '쿠즈네츠 곡선'의 예측을 벗어나 계속 확대되는 사태가 발생하고 있다는 지적이 특히 1990년대 이후에 나오게 됩니다.

흥미롭게도 그것은 어떤 의미에서는 세계적인 차원에서의 국가간 격차, 다시 말해 국제적 불평등의 축소와 정반대처럼 보입니다. 그리고 그것은 사실입니다. OECD 가맹국 자체의 수적 증가에도 단적으로 나타나 있듯이, 특히 1980년대 이후가 되면 일부 도상국들이 '대중적 빈곤' 국면을 벗어나 급속한 공업화와 도시화에 성공하기 시작합니다. 특히 영향이 컸던 것은 각각 10억 단위의 인구를 보유하고 있는 중국과 인도가 시장화와 개방경제화를 진행한 점입니다. 그리고 현재, 세계적으로 최악의 국내적 불평등을 겪고 있는 것도 중국과 인도입니다. 이런 격차는 과거 일본의 '이중구조'와 기본적으로 비슷한 성질의 것으로 추측할 수 있습니다. 다시 말해 이들 국가는 지금 쿠즈네츠 곡선의 상승국면, 즉 성장에 동반되는 불평등의 확대 국면에 위치해 있으며 하강 국면에 들어가는 시점은 상당히 먼 미래라고 예상할 수 있습니다.

그러나 최근의 국내적 불평등이 확대된 실태가 그런 정도에 그친다면, 그것은 쿠즈네츠 곡선 또는 쿠즈네츠 가설에 대한 반증이 아니라 오히려 그 예증이라고 할 수 있습니다. 문제는 이미 '이중구조' 시대를 통과했다고 생각되는 전통적인 의미의 '선진국들'에서도 불평등이 계속 확대되고 있다는 점입니다. 다시 말해 이른바 선진국들에서는 마치 쿠즈네츠 곡선에 따른 예상을 증명하는 것처럼 고도성장 과정에서 소득격차가 점차 완화되어 왔지만, 고도성장이 분명히 끝나버린 1980년대 무렵부터 다시 소득격차의 확대가 나타나고 있습니다.

그러나 '불평등 르네상스'라고 부르는 이유는 이러한 사실 발견과 그것을 설명하기 위한 이론적 탐구의 융성 때문만은 아닙니다.

'생산에서 분배로',
'분배에서 생산으로'

――― 4장에서도 설명한 것처럼, 정통파 신고전파 경제학자에게는 불평등의 존재 자체가 과학자의 입장 또는 정책제언자의 입장에서도 그다지 중요한 문제가 아닐 수도 있습니다. 심지어 실제로 그렇게 큰소리치는 연구자들도 많습니다.

신고전파 경제학의 특징을 생산과 성장의 문제를 분배문제와 분리하는 점, 그리고 생산 쪽으로 경제학 주제를 집중시키고 시장을 소득과 부의 분배기구보다 사회적으로 분산되어 있는(부나 기능, 지식 같은) 자원의 유효활용을 위한 기구로 이해하는 점이라고 정의하면, 다음과 같이 주장할 수도 있습니다. 사회 내부에서 사람들 사이의 소득과 부의 분배 그 자체와는 상관없이 시장이 효율적이라면 결국 자원은 효율적으로 활용되며, 가장 큰 문제는 시장이 그런 의미에서 얼마나 효율적인가라는 문제이기 때문에 설령 실제로 불평등이 확대되고 있어도 신고전파 경제학에 있어서는 그다지 중요한 문제가 아니라고 말입니다. 설사 불평등이 학문적이고 정치적인 문제라도 그것은(생산보다, 또는 생산 말고 분배에 가장 큰 관심을 기울이는?) 사회학자나 정치학자 또는 사회복지사의 주제이지 경제학의 주제는 아니라고 말입니다.

'생산문제와 분배문제의 분리(와 생산문제를 향한 관심의 집중)'의 의미를 조금 더 확인해봅시다. 주의해야 할 점은 그것이 '생산과 분배는 서로 관련이 없다'는 의미가 아니라는 점입니다. 시장에서 서로 경쟁하는 기업을 중심으로 이루어지는 생산활동, 자본축적, 경제성장의 정도와 유형이 사람들 사이의 소득과 부의 분배에 영향을 준다는 점에 대해서는 신고전파 경제학자도 부정하지 않습니다. 그것은 고전파나 마르크스로 대표되는 것처럼 기존의 부의 분배(의 격차구조)를 거의 그대로 보존할 수도 있고, 한층 더 확대할 수도 있습니다. 오히려 최근 일부 도상국의 캐치업에 주목하고 있는 논자가 주장하는 것처럼 평등화 작용을 가지고 있을지도 모릅니다.

그러나 적어도 지금까지 신고전파의 대세는 '생산에서 분배로'라는 원인관계는 인정하지만, 반대인 '분배에서 생산으로'의 인과관계는 인정하지 않았습니다. 결과적으로 새롭게 창출된 부가 사람들 사이에서 어떻게 분배되는가 하는 문제와는 별개로 '자유로운 시장경제가 존재하는 곳에서는 사람들 사이의 부, 지식, 능력의 분배와 상관없이 그것들은 최대한 활용될 수 있다고 생각하는 경향이 있었습니다.

이 때문에 '생산문제와 분배문제의 분리(와 생산문제를 향한 관심의 집중)'를 비판하고, '생산문제와 분배문제의 불가분성'을 주장하는 일은 '분배 유형이 시장에서의 생산과 자본축적 · 경제성장에 영향을 미칠 가능성이 있다'는 것, 다시 말해 '분배에서 생산으로'의 인과경로를 무시할 수 없다는 주장과 동일하다고 생각할 수 있습니다.

'불평등 르네상스'에는 이러한 '분배에서 생산으로'의 인과경로에 대한 관심이 강하게 나타납니다. 이것은 어떤 의미에서는 고전파적 문제관심의 부활이라고도 할 수 있지만, 그 방향은 정반대입니다.

즉, 현재의 실증연구는 한 국가의 경제적 불평등이 국가의 경제성장을 정체시키고 있는 것은 아닌가, 또한 반대로 분배를 보다 평등하게 만드는 것이 성장률을 끌어올리는 효과가 있는 것은 아닌가라는 의문을 제기합니다. 현재는 '분배에서 생산과 성장으로의 인과관계가 존재하지 않을까? 만약 그렇다면 그것은 어떤 체제인가?'라는 문제제기가 활발해져서 몇 가지 이론모형이 구축된 상태입니다.

다시 '불평등 르네상스' 이전 상황으로 돌아가봅시다.

애초에 쿠즈네츠 곡선에 대한 통상적인 해석은 명확한 이론이라기보다 '이야기' 수준에 가깝습니다. 그러나 대체적으로 생산기술과 생산력의 발전단계가 소득과 부의 분배에 영향을 미친다고, 즉 생산과 성장이 '원인'이며 분배가 '결과'라는 순서로 이해됩니다. 단, 여기에서 문제로 삼고 있는 것은 어디까지나 생산력의 절대적인 수준이지 경제성장률 등의 동적인 변화속도가 아닙니다. 쿠즈네츠 곡선에는 경제성장률의 변화가 소득과 부의 분배에 어떤 영향을 미치는가라는 문제의식은 딱히 존재하지 않습니다.

그러나 조금 더 파고들어 살펴보면, 쿠즈네츠 곡선을 앞의 설명처럼 해석한다는 것은, 다시 말해 경제성장에 동반되는 불평등의 확대국면을 충분한 시장화와 비즈니스화가 이루어지지 않은 전통적인 경제구역과 시장화되어서 최신기술을 사용하는 근대적인 구역이 병존하는 과도기로 간주한다는 것은, '시장경제 그 자체에 겉보기와는 달리 실은 평등화의 힘이 존재한다' 또는 '시장경제 속에서 발생하는 불평등은 시장경제와 시장경제 외부 사이에서 발생하는 불평등에 비하면 그 정도가 작다' 둘 중 하나를 의미한다는 뜻입니다.

이미 앞에서 살펴봤듯이 극단적으로 말해서 고전파 경제학에서는 시장경제의 최하층을 포함하는 소득전반의 최저수준향상 가능성은 강조하고 있지만 최하층과 정상, 가난한 사람과 부유한 사람 사이의 격차에 대한 축소 가능성의 경우는 그렇지 않았습니다. 시장경제는 불평등한 분배를 초래하게 되어 있으며 오히려 불평등한 편이, 즉 자본가에게 부가 집중되는 편이 더 많이 성장할 수 있다고까지 생각했습니다. 그에 비해 신고전파 경제학은 보다 중립적인 입장을 취하면서 다양한 가능성에 대해서 의논할 수 있는 여지를 남겨 두고 있다는 점이 특징으로 해석됩니다.

그러나 쿠즈네츠 곡선에 대한 지배적인 해석은 그로부터 한발 더 나아가 시장경제하에서의, 또는 공업화 이후의 평등화를 향한 경향의 존재를 시사합니다. 하지만 쿠즈네츠의 논문 자체는 앞에서도 언급했듯이 그다지 이론적이지 못했습니다. 그렇다면 조금 더 강력하고 확실한 '시장에서의 경쟁은 기존의 부의 분배 유형에 어떤 영향을 미치는가?'에 대한 이론적 고찰은 없을까요?

실은 이러한 흐름의 출발점이라고 할 수 있는 것이 바로 조지프 스티글리츠가 젊은 시절에 쓴 논문「개인 사이의 소득과 부의 분배 Distribution of Income and Wealth among Individuals」(1969)입니다. 이 논문에는 앞에서 언급한 신고전파 성장이론의 원조라고 할 수 있는 솔로-스완 모형을 기반으로 '(자본시장을 포함한) 완전경쟁시장에서는 장기적으로 부와 소득의 분배가 평준화된다'는 상당히 명확한 결론이 제시되어 있습니다.

이 논문은 종래의 쿠즈네츠 곡선 해석에 대한 이론적 정당화가 틀림없지만 (스티글리츠의 논문으로서는) 그다지 널리 읽히지 않았습니다. 이 논문을 명시적으로 언급하면서 그것을 비판하거나 인용하는 경우는 '불평등 르네상스'에 돌입했다고 생각되는 1990년대가 되어야 겨우 눈에 띄기 시작합니다.

비전문가 입장에서 연구사를 훑어봤을 때 '완전경쟁시장에서는 분배가 평등하게 이뤄지는가? 이뤄지지 않는가?'에 대해서는 아직 확실한 결론이 내려지지 않은, 즉 학계 전체적으로 인정받은 이론은 없는 것처럼 보입니다.

그렇게 된 이유는 특히 장기적인 성장과정을 고려한다면, 경제학에서 시장에 대해 고찰할 때의 벤치마크인 '완전경쟁시장'(너무나 많은 주체가 시장에 참가하고 있기 때문에 누구도 시장전체는커녕 특정한 타인의 행위조차 조작할 수 없는 상황 정도로 이해해주십시오)에 대해서도 다양한 이해의 방식이 존재하고 다양한 모형 설정이 가능하기 때문입니다. 만약 현실에서의 시장이 완전경쟁 모형과 유사해 문제가 되지 않을 정도로 순조롭게 기능하고 있어도, '어떤' 완전경쟁 모형에 가까운지가 문제가 됩니다. 현실이 불완전한 경쟁의 세계라면 말할 필요도 없습니다. '완전경쟁시장'의 개념은 벤치마크로서 중요합니다. 다시 말해 현실에 보다 가까운 다양한 '불완전경쟁시장'의 모형을 만들고 싶다면 유일한 방법은 먼저 '완전경쟁시장'을 상정한 뒤에 차이를 수정하는 것이기 때문입니다.

완전경쟁시장에서의 분배문제

——— 문제는 '성장과 분배 이론'의 경우에는 이런 의미에서의 '벤치마크' 자체가 아직 분명히 정해지지 않은 것처럼 보인다는 점입니다. 간단히 설명하면, 예를 들어 만약 완전경쟁시장이 그곳에 참가하는 사람들 사이에서 소득과 부의 분배에서 평등화를 초래한다면 불평등화를 초래하는 것은 주로 시장 외적인 요인, 즉 그러한 시장의 원활한 작용을 방해하는 다양한 조건에서 찾아야 할 것입니다. 그리고 평등화를 위해서는 그러한 요인을 제거하고 시장의 자유로운 작용을 촉진해야 할 것입니다. 반대로 완전경쟁시장이야말로 불평등화를 초래한다면 적극적인 시장개입 없이는 평등화를 달

성할 수 없을 것입니다. 어느 쪽이든 방향성이 이 정도로 확실하지 않다면 안심하고 '자본주의하에서의 불평등'에 대해 논할 수 없습니다. 그러나 현실적으로는 이런 부분도 아직 제대로 된 합의가 이뤄지지 않은 것처럼 보입니다.

앞의 4장에서도 살펴본 것처럼, 거시성장이론 자체에서 해로드-도마 모형은 가격변화와 그것에 의한 조정을 반영하고 있지 않아서인지 이미 구시대의 유물이 되었습니다. 최초의 신고전파 성장모형이라고 할 수 있는 솔로-스완 모형은 가격변화, 즉 임금률과 이자율의 변화에 따른 자본노동비율의 조정을 반영하고 있기 때문인지 아직 간신히 현역으로 취급되며 적어도 교육적인 관점에서는 중요하게 여겨집니다. 그러나 여기에서도 '축적률은 주체에 상관없이 또한 시간에 상관없이 일정하다'는 가정이 아무런 근거 없이 도입되어 있기 때문에 이론적인 기초 작업은 아직 미흡하다고 할 수 있습니다.

연구자 차원에서는 무한한 수명을 가지고 있는 주체dynasty를 주역으로 삼아서 그 주체가 생애효용을 최대화할 수 있도록 어떻게 저축(투자)해갈 것인지를 묘사하는 램지 모형과 유한한 수명의 주체들이 후속세대로 유산 또는 채무를 계속 물려주는 '중첩세대overlapping generations; OLG 모형'이 완전경쟁하에서의 장기적 성장을 묘사하는 '벤치마크'로 확립되었습니다. 케인스적인 상황을 포함하여 불완전경쟁을 묘사할 경우에는 그것을 적절하게 수정하는 절차를 밟습니다. 그렇게 해서 '2차적인 벤치마크'라고 할 수 있는 특정한 문제영역, 예를 들어 이것도 나중에 살펴보겠지만 기술혁신을 분석하기 위한 '내생적 성장이론'의 보다 특수한 일반 모형이 몇 가지 만들어졌습니다. 그러나 '성장과 분배 이론'의 일반 모형이라고 부를만한 모형은 아직 확립되지 않았습니다. 이런 이유에서 다음 장에서는 간단히, 어디까지나 이 책만의 벤치마크 만들기에 도전해보겠습니다. 구체적으로는 부의 소유에서 격차가 존재하는 복수의 주체들로 구성된 중첩세대 모형, 램지 모형을 구성하고 그 작용을 살펴보겠습니다.

07

성장과 분배에 영향을 미치는 요인들

불평등 르네상스 ②

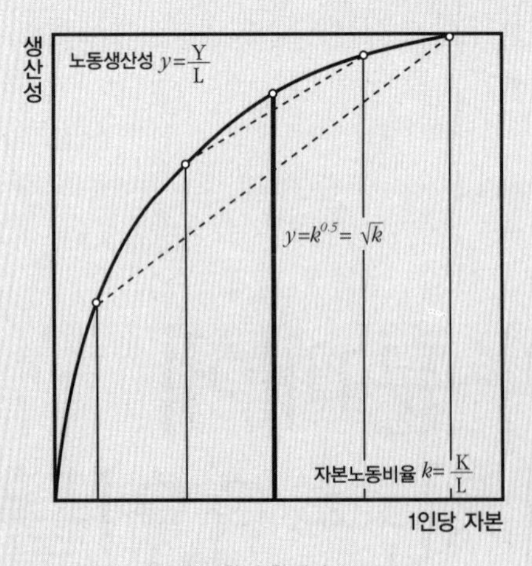

그림 5_ 자본에 관한 수확체감

'생산과 분배 이론' 모형에 대해 생각한다

——— 우선은 논의를 단순화하기 위해서 자본이 격차와 불평등과 관련 있는 유일한 요인이라고 가정합시다. 단, 모든 사람이(특히 자본거래가 불가능한 경우에도) 처음부터 최저한의 저축(≒투자)이 가능한 자본을 가지고 있다고 가정하겠습니다. 또한 사람들 사이의 능력 차이도 없다고 가정합시다(또는 있더라도 인적자본의 차이에 의한 것이라고 가정합니다). 그리고 처음부터 사람들이 평등하게 가지고 있으며 그 이상 축적할 수 없는 부를 '노동' 하나로 정리합시다('토지'는 무시하겠습니다). 또한 인구는 일정하고, 노동시간은 변하지 않으며, 1인당 노동량은 동일하다고 가정합시다.

경제 전체에서 동일한 하나의 생산기술이 사용되고 있다고 가정합시다. 그 기술의 투입요소는 노동과 자본뿐으로, 생산되는 단 한 종류의 제품은 사람들의 생활에서 소비되기도 하고 자본으로도 사용된다고 가정합시다. 또한 이 기술에는 규모에 관한 수확일정과 노동과 자본 각각에 대한 수확체감이 성립한다고 가정합시다. 다시 말해 인력과 자본설비의 총량을 동시에 2배로 증가시키면 생산 역시 2배로 증가하지만, 인력만 또는 자본만 2배로 증가시키면 생산은 증가해도 2배는 되지 않는다는 의미입니다.

이러한 생산기술을 전제로 그 구체적인 사용법, 다시 말해 사람들의 생산활동 양상에 대해서도 생활단위로서의 세대·가계와는 구별되는 생산활동에 특화된 단위로서의 기업이라는 존재는 상정하지 않고, 가족 차원의 자영업만 존재하는 세계를 가정하겠습니다. 노동시장은 존재하지 않습니다(또는 분석대상에서 제외합니다). 사람들은 본인의 노동력을 본인이 사용합니다. 자본은 자본시장이 있는 경우, 본인의 소유만으로는 부족해서 타인에게서 빌리거나 또는 여분을 타인에게 빌려줍니다. 이러한 모형을 설정하는 이유는, 첫째 격차 문제의 원인을 자본의 분배로 좁혀서 분석하기 위해서(임금격차도 인적자본의 문제로 처리하기 위해서)이며, 또 다른 이유는 나중에 살펴보겠지만 '자본거래가 존재하는 세계'와 '자본거래가 존재하지 않는 세계'를 비교하기 위해서입니다. 기업의 존재를 상정하면 '자본거래가 존재하지 않는 세계'를 상정할 수 없는 것은 아니지만 상당히 부자연스러워지기 때문입니다.

이렇게 '규모에 관한 수확일정의 생산기술하에서, 노동능력에 전혀 차이가 없는 자영업자들로 구성된 경제'를 상정하면, 한 가지 대단히 흥미로운 결과를 도출할 수 있습니다. 그것은 '모든 사업자와 주체가 사용하는 수중의 자본량이 완전히 동일해지는 경우에 사회적으로 최대의 생산량이 달성된다'는 것입니다(이후에 그 가정은 조금 완화됩니다). 어째서 그렇게 되는지를 설명하면, 먼저 사회적으로 이미 존재하고 있는 자본과 노동을 전부 다 사용해버리는, 즉 완전고용을 통해서 최대의 생산량이 달성됩니다. 문제는 중앙으로부터의 지령에 의한 계획경제가 아니라 각 구성원이 자주적으로 자신의 이익을 위해서 생산활동에 임하는 사적 소유체제인 자유시장경제에서 그것을 달성할 수 있는지 여부입니다.

위 같은 상정하에서 그것을 달성하기 위해서는 각 사업자의 자본노동비율이 경제 전체의 총자본과 총노동의 비율과 일치해야만 합니다. 다시 말해 각 사업자가 생산활동에 투입할 수 있는 수중에 보유하고 있는 자본의 양이 동일해야 합니다. 적어도 초기조건의 경우 이것은 극적인 우연에 의해서만 달성될 수 있습니다. 우연히 평균적인 위치에 놓여 있는 사업자는 예외가 되지만 그 밖의 모든 사람들은 그렇지 않습니다. 물론 이 경우에 평균 이상의 자본을 소유하고 있는 사람은 평균 이상의 생산고를 올릴 수 있습니다. 당연히 평균 이하의 자본소유자가 올리는 생산고는 평균적인 사업자의 생산고보다 낮습니다.

여기에서 또 하나 중요한 점은 '자본에 관한 수확체감' 덕분에 전자의 생산고가 평균을 상회하는 정도가 후자의 생산고가 평균을 밑도는 정도를 상쇄하기에는 부족하다는 점입니다. 왜냐하면 1인당 자본이 증가할수록 생산성이 떨어지기 때문입니다. 평균 이상의 자본소유자에게 여분의 자본을 빼앗아 평균 이하의 자본소유자에게 이전하면, 사회적으로 최대의 생산량을 달성할 수 있습니다. 그러나 그것은 위로부터 권력자에 의한 강제적인 수단을 통해서만 달성할 수 있습니다. 아무리 사회적인 최적과는 거리가 있더라도 평균 이상의 자본을 소유한 부자에게는 본인의 자본을 전부 본인이 사용하는 것이 개인적으로 최적이기 때문입니다. 이러한 비효율성은 대체로 자본의 분배가 불평등할수록 커집니다.

다시 말해 이 모형의 경우에는 적어도 단기적으로는 '분배가 생산을 규정하는' 셈입니다. 그러나 단기의 경우라도 자본시장이 성립되어 있고 자유로운 자본거래가 원활하게 이루어지고 있다면 '부의 분배상태에 상관없이 전부를 낭비 없이 활용해서 사회적으로 최대의 생산고를 달성한다'는 과제는 달성할 수 있습니다. 자본시장이 성립되어 있다면 자본부족의 사람들과 자본과잉의 사람들 사이에서 자본의 대차거래가 가능해집니다. 그러나 물론 모든 사람들의 생산량이 동일해진다고 해서 모든 사람들의 수입이 동일해지는 것은 아닙니다. 자본을 빌려주는 쪽은 이자수입을 얻어서 평균보다 부유해지고, 빌리는 쪽은 평균보다 가난해집니다. 바로 이것이야말로 앞에서도 언급한 신고전파적인 '분배와 생산의 분리'라는 발상입니다.

자본은 어떻게 축적되는가?

——— 또 다른 문제는 이것이 시간의 흐름 속에서 어떻게 전개되어가는가에 관한 문제입니다. 그렇게 자본이 축적되면 각각의 경제주체인 사람들이 소유하는 자본은 물론이고 경제사회 전체적인 총자본의 양도 증가하고 그때마다의 자본노동비율도 변하게 됩니다. 바로 앞에서 살펴본 내용은 자유로운 자본시장이 존재하는 경우에 사회 전체에서의 총 자본의 양과 그로부터 귀결되는 사회 전체에서의 평균적 자본노동비율은 자동적으로 각각의 경제주체가 맞춰야 하는 '최적 자본노동비율'이 되며, 시장경제 속에서 사람들은 어떻게 그것에 맞춰가는지에 대한 체제였습니다. 그러나 장기적 차원에서는 그것만으로는 부족합니다. 실은 경제사회의 전체적인 차원에서의 '최적 자본노동비율'이라는 것이 존재하며, 경제사회 전체로서는 그것에 어떻게 맞춰나갈 것인가라는 문제가 부상하게 됩니다.

요점은 '경제성장을 고찰하는 모형에서는 시간의 흐름 속에서 살아가는 주체의 장기적인 생활설계와 그것에 기반을 두는 행동을 상정하고 있다'는 점입니다. 여기에서는 경제성장, 특히 1인당 생산력의 상승을 문제로 삼고 있기 때문에 자본축적(≒투자) 없이는 생각할 수 없습니다. 그리고 저축(≒투자)이라는 것은 원래 수중의 재산을 지금 당장 소비하는 것이 아니라 장래를 위해서 간직하거나 장래에 사용할 수 있는 것으로 바꾸는 일입니다. 결국 여기에서는 경제성장을 일정한 긴 기간을 살아가는 주체가 하루하루 눈앞의 이익이 아니라 생애 전체의 이익을 최대화하기 위해서 행동함으로써 실현되는 과정으로 파악하고 있습니다. 그러므로 주체는 지금 현재의 두 선택지를 비교하고 어느 쪽을 선택할지를 고민할 뿐 아니라 현재와 장래 어느 시점에서의 두 선택지를 비교하는 일도 하고 있습니다. 예를 들어 수중의 돈을 지금 소비할 것인지 또는 저축해두고 1년 뒤에 사용할지 같은 고민입니다.

다른 시점 사이의 선택을 모형화하는 방법은 다름 아니라 '장래 선택지의 현재가치'를 상정하여 현재 시점에서 현재 선택지와 가치를 비교할 수 있게 만드는 방법입니다. 이때 '현재가치'를 산출하는 핵심개념이 '(주관적)할인율'입니다. 이것은 간단히 설명하면 '조삼모사', 다시 말해 '먼 장래보다 가까운 장래, 장래보다 현재를 보다 중요시한다'는 행동유형을 나타내기 위한 수치입니다. 고사에 등장하는 원숭이에게는 아침에 도토리 3개, 저녁에 4개라는 조합보다, 아침에 4개, 저녁에 3개의 조합이 적어도 아침의 시점에서는 높은 현재가치를 가지고 있었다고 이해할 수 있습니다.

만약 원숭이들에게 아침 도토리 1개의 가치와 저녁 도토리 1개의 현재가치가 동일하다면, 조삼모사의 조합도 조사모삼의 조합도 완전히 동일한 가치를 가지며, 어느 쪽을 선택해도 상관없다(경제학적으로 표현하면 '무차별(indifferent))'고 할 수 있습니다. 그러나 실제로 조사모삼을 선택한 이상, 아주 조금일 수도 있지만 저녁 도토리 1개의 현재가치는 아침밥의 그것에 비해서 상대적으로 감소한 셈입니다. 이러한 상대적 감소의 정도를 '(주관적)할인율'이라고 부릅니다.

플러스 할인율이 성립되는 (현재보다 장래가 '할인되어' 평가되는) 이유로는 여러 가지를 생각해볼 수 있습니다. 단순히 생각해보면, 지금 현재의 확실히 실현가능한 선택지가 불확실한 장래의 선택지보다 중요하게 여겨지는 것은 당연할지도 모릅니다. 완전히 동일한 물건이라도 지금 현재 수중에 가지고 있는 현물과, 장래에 손에 넣는다는 전망이라면 당연히 전자를 선택할 것입니다.

직관적으로 빌린 돈이나 물건에 이자가 붙는 이유도 여기에서 찾을 수 있습니다. 이 경우의 할인율은 이자율에 대응합니다. 예를 들어 연간 3퍼센트의 이자율로 돈의 대차가 이루어지고 있다는 것은 지금 현재 수중에 있는 100만 원의 가치와 1년 뒤의 103만 원의 현재가치가 동일하다는 뜻입니다.

그렇게 생각하면 이 '할인율'은 투자계획에 대한 '탈락라인'으로서 작용한다고 할 수 있습니다. 투자 주체의 입장에서는 수익률이 주관적인 할인율보다 낮은 투자는 투자할 가치가 없다는 의미입니다. 정확한 예는 아니지만, 직관적으로 이해할 수 있도록 은행에 예금하면 3퍼센트의 금리가 붙는 상황을 예로 들어보겠습니다. 이 경우에는 아무 생각 없이 그저 은행에 돈을 맡기기만 하면 3퍼센트의 수익률을 약속받는 셈이기 때문에 그보다 낮은 수익률의 비즈니스 플랜은 전부 가치가 없습니다.

'자본에 관한 수확체감이 성립한다'는 것은 '처음에는 투자의 수익률이 높지만 자본이 축적됨에 따라서 점점 떨어진다'는 뜻입니다. 예를 들어 처음의 100만 원은 10만 원의 수익, 즉 수익률이 10퍼센트이고, 다음에 추가된 100만 원에 대해서는 5만 원의 수익밖에 얻을 수 없다면 전체 수익률은 15/200=7.5퍼센트로 떨어지게 됩니다. 처음 100만 원을 투자하는 시점에서는 그에 추가해서 아주 적은 금액을 증자해도 그 증자에 대한 수익률은 10퍼센트입니다. 그러나 축적이 진행되어 자본의 총가치가 200만 원이 된 시점에서는 아주 적은 금액을 증자하더라도 수익률 역시 7.5퍼센트입니다.

이러한 '아주 적은 금액의 증자에 대한 수익'이 결국 '자본의 한계생산성'입니다. '자본에 관한 수확체감'은 이 '자본의 한계생산성'이 점점 떨어지는 것을 의미합니다. 점점 떨어진다고는 해도 앞에서 제시한 상정에서는 제로 이하로 떨어지는 일은 없습니다. 그렇다면 계속 축적하는 것이 바람직한가 하면 그렇지는 않습니다. 그렇다면 어디까지일까요? 수익률 그리고 자본의 한계생산성이 할인율과 일치할 때까지는 아직 여분의 투자가 추가적인 이익을 약속해줍니다. 그러나 그 선을 넘어가면 그 이상의 투자는 더 이상 (주관적)이익을 낳지 않고 오히려 감소시킵니다. 앞에서 제시한 예를 들어 설명하면, 3퍼센트 이하로 떨어지면 더 이상 아무것도 하지 말고 은행에 예금하는 편이 낫다는 뜻입니다.

간단히 설명하면, '자본의 한계생산성'과 '주관적 할인율'이 일치하는 바로 그곳이 바로 최적점이며, 그때의 자본노동비율이 최적의 비율입니다. 그 이상의 자본축적은 오히려 손해입니다(엄밀하게 말하면 뒤에서 살펴볼 두 종류의 모형 가운데 램지 모형에서는 정상상태에서 '자본의 한계생산성'과 '주관적 할인율'의 일치가 나타나지만, 중첩세대 모형에서는 그렇지 않습니다. 그러나 중첩세대 모형에서도 양자 사이에는 분명히 대응관계가 성립합니다).

위의 모형에서는 자본소유의 많고 적음을 제외하면 사람들 사이에는 (경제적으로 유의미한) 차이가 전혀 없다고 상정하고 있기 때문에, 모든 사람의 할인율은 동일하다고 할 수 있습니다. 그렇다면 이번에는 '사람들 사이에서는 할인율이 동일해도 자본소유량의 차이가 있기 때문에 장기적인 저축(투자행동)이 다르고 얻는 결과도 다르다는 주장은 타당한가?'에 대해서 생각해보겠습니다. 두말할 것도 없이 이 사고방식은 고전파 경제학의 전통적인 정상상태와 근본적으로 동일한 논리를 따르고 있습니다. 경제의 초기상태가 아직 자본이 적은 축적 부족의 상태에서 출발한다면 정상상태를 향한 이러한 성장과정이 유도된다는 내용입니다. 기술혁신에 의한 총요소생산성의 상승체제는 모형에 반영되어 있지 않기 때문에 이 경우의 정상상태는 제로성장입니다. 기술혁신을 반영한 '성장이 존재하는 정상상태'에 대해서는 뒤에서 설명하도록 하겠습니다.

자본시장의 유무가 경제성장에 미치는 영향

——— 자본의 한계생산성과 할인율이 일치하는 이러한 정상상태에 도달하기 위해서 사람들이 어떻게 자본을 축적해가는지에 대한 대표적인 이론 모형이 바로 앞에서 간단히 소개한 램지 모형과 중첩세대 모형입니다. 한 번 더 확인해보면, 램지 모형은 무한한 시간을 살아가는 dynasty('왕조'라고 해석하기도 어색하니까 '가계' 정도라고 생각해주십시오)가 주체이며, 중첩세대 모형은 유한한 수명을 가진 사람들의 세대교대(라고는 하지만 세대교대의 경우도 간략화를 위해서 어디까지나 하나의 '가계'가 영속되고 있는 것처럼 묘사됩니다)를 상정하고 있습니다. 전자는 각 주체가 순수하게 이기적이라고 상정하며, 후자는 어느 정도의 이타주의, 구체적으로는 자신의 직접적인 후계자에게만 자산을 물려주기를 원하는 정도로 이타적이라고 상정합니다.

이들 모형이 이러한 상정 속에서 개별적 주체의 저축(≒투자행동)을 각각 어떻게 묘사하고 있는지 살펴보면 흥미로운 대비를 확인할 수 있습니다. 가정에 의거해 경제를 구성하고 있는 사람들의 성질은 완전히 동일하지만 출발점에서의 자본소유량에는 차이가 있기 때문에 사람들의 저축 유형의 차이는 기본적으로 자본소유량의 차이에서 비롯된다고 생각할 수 있습니다. 그런데 대단히 흥미롭게도 중첩세대 모형에서는 초기 자본소유량과는 상관없이 구성원 전원

의 저축률이 동일하게 장기적으로 일정하며 변하지 않는다는 결과가 나옵니다.•

표준적인 중첩세대 모형에서는 제로성장의 정상상태에 도달한 이후에도 각 세대가 다음 세대에 유산을 남기기 때문에, 저축률—수입·소득에서 저축이 차지하는 비율—이 플러스로 일정하게 유지됩니다. 그에 비해 램지 모형에서는 축적이 낮은 기간에는 저축률이 높은 편이지만, 축적이 계속되어 정상상태에 가까워지는 동안에 서서히 저하되고, 정상상태에서는 제로가 되는 것이 일반적입니다. 이러한 차이는 주로 의사결정의 주체가 계속 바뀌는지 아니면 계속 동일하다고 가정하는지에 따라 비롯된다고 생각합니다.

이미 눈치챘겠지만, 이 두 가지 모형을 확장해 자본시장이 완전한 경우와 처음부터 자본시장이 전혀 존재하지 않는 두 가지 경우를 생각해보려고 합니다. 비현실적이고 극단적인 비교지만 자본시장이 투자와 성장에 대해서, 그리고 나아가 분배에 대해서 어떤 영향을 끼치는지 살펴보기 위한 사고실험입니다.

앞에서 설명했듯이 자본시장이 완전하다면, 시장에서 결정된 합당한 이자만 지불하면 누구라도 부족한 자본을 얼마든지 빌릴 수

• 참고로 '최초의 신고전파 성장 모형'으로 소개한 솔로-스완 모형은 처음부터 일방적으로 '저축률일정'의 상황을 가정하지만 그 이유는 불문에 붙이고 있습니다. 그에 비해서 중첩세대 모형에 나타나는 저축률의 일정성은 경제 주체의 선택적 행동의 결과로서 도출되었기 때문에 이론적 근거가 더 확실합니다.

있고 반대로 자신에게 필요 없는 자본을 빌려줄 수도 있습니다. 이 때문에 자본소득의 불평등은 단기적인 자본의 효율적 이용(각 사업자와 각 개인이 동일한 양의 자본을 사용해서 조업하는 것)에 방해가 되지 않습니다. 이와 달리 자본시장이 완전히 결여되어 있는 경우에는 자본의 대차가 불가능하기 때문에 사람들은 일단 수중의 자본을 100퍼센트 활용하려고 할 것입니다. 그러나 이런 상황은 앞에서도 설명했듯이 사회적으로 봤을 때는 비효율적입니다. 평균 수준보다 자본이 부족한 사업자에게 나타나는 평균보다 낮은 생산량(생산 감소)을 자본과잉의 사업자의 생산 증가로 보완할 수는 없기 때문입니다.

물론 단기적으로는 자본이 효율적이고 최적으로 이용되고 있는 경우에도 장기적인 최적화가 이루어졌다고 단정지을 수는 없습니다. 장기적으로 봤을 때 자본축적의 최적인 수준은 앞에서 살펴본 것처럼 자본의 한계생산성과 주관적 할인율이 일치하는 지점에서 결정됩니다. 그런데 자본시장이 존재하는 경우에 그 조정과정은 자본시장에서 성립되는 이자율이 할인율에 접근해가는 형태를 취합니다. 이자율이 자본거래를 매개로 사람들 사이에서 자본의 한계생산성을 평균화하여 단기적으로 최적화시킨다는 점에 대해서는 앞에서 설명했습니다. 그러나 그 이자율이 (사람들 사이에서 본래 동일한) 할인율과 차이가 있다면, 사회 전체적으로 그리고 장기적으로 투자를 조정할 필요가 있습니다. 우리는 자본이 없는 상태에서 출발해 계속 축적하고 성장하는 국면에 대해서 이야기하고 있습니다. 이런 경우는 이자율(사회적인 자본의 한계생산성)은 아직 할인율보다 높으며, 최종적으로 그것이 할인율과 일치할 때까지는 더 많이 투자할수록 이익을 얻게 됩니다. 그리고 성장률은 이 이자율과 할인율의 차이에 비례합니다(특별한 경우에는 일치합니다). 이자율도 할인율도 사회적으로는 하나의 숫자입니다. 그렇기 때문에 성장률 역시 사회 전체적이며 동시에 모든 사람들의 소비성장률이기도 합니다. 그런 이유에서 본래의 자산격차는 보존됩니다.

이에 비해서 자본시장이 존재하지 않는 경우에는, 자본의 한계생산성이 할인율과 일치하는 지점까지 계속 투자하는 작업을 자본시장의 개입 없이 각 구성원이 개별적으로 수행합니다. 각 사업자는 자신이 소유하고 있는 자본의 한계생산성이 할인율과 일치할 때까지, 외부로부터의 차입 없이 자력으로 투자해서 올려갑니다. 성장률은 개인마다 제각각입니다. 출발점에서의 자본소유가 적으면 적을수록 성장률이 빠르며, 경제 전체가 성장함에 따라서 자산격차는 축소되고, 제로성장의 정상상태에서는 소멸됩니다.

자본시장 유무와 모형에 따른 격차와 평등화

——— 지금까지 일단 두 모형과는 상관없이 자본시장의 유무가

성장과정에 어떤 영향을 미치는지에 대해서 살펴보았습니다. 그런데 사실 두 모형에 이 논리를 적용했을 때 반드시 이런 결과가 나오는 것은 아닙니다.

앞에서 설명한 대로 딱 맞아떨어지는 것은 램지 모형입니다. 램지 모형의 세계에서는 완전한 자본시장과 원활한 자본거래가 존재한다면 자본소유의 격차에 영향을 미치지 않고 자본이용의 균등화가 실현되어 격차가 계속 유지됩니다. 그에 비해서 자본시장이 존재하지 않는 경우에는 단기적 최적화를 희생해서 장기적 최적화의 부산물로 자본소유의 평등화가 실현됩니다.

그러나 중첩세대 모형의 경우에는(그리고 스티글리츠의 1969년 논문의 주장대로 솔로-스완 모형의 경우에도), 자본시장의 존재와는 상관없이 장기적 최적화, 그리고 동시에 장기적 자본소유의 평등화가 실현됩니다. 그렇게 되는 이유는 저축률일정에 따른 효과로 추정됩니다.

무슨 뜻인가 하면, 저축률은 소득의 얼마를 저축하는지에 대한 비율입니다. 한마디로 소득이 높아지면 높아질수록 저축도 많아진다는 뜻이어서, 언뜻 격차의 축소와는 관계가 없어 보일 수도 있습니다. 그러나 소득이라는 유량 기준이 아니라 자본이라는 저량 기준으로 생각해보면 그렇지 않습니다.

여기서는 사람들의 노동 능력(자본에 인적자본도 포함한다면, 투자에 의해서 올라가기 전의 본래 능력)에는 차이가 존재하지 않기 때문에 소득의 차이는 일방적으로 자본의 차이에서 비롯됩니다. 그러나 자본소유가

2배가 되면 소득도 2배가 된다는 공식은 성립되지 않습니다. 왜냐하면 소득은 노동소득과 자본소득으로 나눌 수 있는데, 모든 사람의 노동소득은 동일하기 때문입니다. 자본소유가 2배가 되어도 총소득은 2배가 되지 않고 그보다는 적은 양이 됩니다. 그 말은 저축률이 일정한 상황에서는 자본소유가 2배가 되어도 저축은 2배가 되지 않고 그보다 적은 양이 될 수밖에 없다는 뜻입니다. 다시 말해 저축률(저축이 소득에서 차지하는 비율)이 일정하다는 것은 자본이 증가함에 따라서 자본축적률(저축이 자본에서 차지하는 비율)이 점점 떨어진다는 것을 의미합니다. 자본시장이 존재하는 경우에도 이러한 효과가 격차보존 효과를 상쇄해버린다고 생각됩니다.

지금까지의 내용을 요약하면 대체로 다음의 네 가지 유형으로 정리할 수 있습니다.

① 자본시장이 완전한 상황에서의 중첩세대 모형이 묘사하고 있는 격차 축소
② 자본시장이 결여된 상황에서의 중첩세대 모형에서도 마찬가지로 발견되는 격차 축소 경향
③ 자본시장이 완전한 램지 모형에서의 격차 유지
④ 자본시장이 결여된 램지 모형에서의 격차 축소

이들 모두는 상당히 추상적인 모형입니다. 굳이 현실에 적용한다

면 자본시장의 작동을 전제로 하고 있는 ①과 ③은 국내 수준의 격차에, 그리고 ②와 ④는 세계적인 격차에 적용가능한 모형이라고 할 수 있습니다. ②와 ④는 자유무역이 상당히 많이 이루어지고, 제품시장은 세계적으로 통합되어 있어도 노동시장이나 자본시장(특히 설비투자에 필요한 장기자금을 대차하는)은 그다지 통합되어 있지 않은 세계의 모형으로 해석할 수 있습니다. 이것은 일부 도상국의 캐치업, 다시 말해 고도성장의 시작과 중진국화를 설명하는 데 대단히 적합해 보입니다. 그러나 그것은 어디까지나 표면적인 내용일 뿐, 어째서 그렇게 되는지에 대해서는 알 수 없습니다. 그에 비해서 ①과 ③은 자본이동이 활발한 일국경제 수준의 모형화로 해석할 수 있는데, 이들은 대단히 대조적이기도 합니다. ①은 스티글리츠의 1969년 논문의 문제의식을 이어받아 쿠즈네츠 곡선에 대한 고전적인 해석을 뒷받침하는 성격을 가지고 있지만, ③에서는 정반대로 격차가 유지됩니다. 이런 점에서는 대단히 해석하기 어려운 모형입니다.

또한 지금까지 검토한 모든 모형은 기술변화와 기술혁신이 반영되지 않은 모형입니다. 여기서 말하는 '성장'은 정상상태에 도달하면 제로성장이 되어서 같은 상태를 끊임없이 반복하는 성장입니다. 정상상태에 대해서 확인하고 넘어갑시다. 자본시장이 존재하지 않는 경우에는 정상상태에서 최대한의 평등화와 동시에 자본의 완전고용이 비로소 달성됩니다. 그에 비해서 자본시장이 존재하는 경우에는 정상상태를 향해가는 도중에도 각 시점마다 단기적인 자본의 완전고용이 달성됩니다. 때문에 자본시장이 완전히 기능하고 있다면 '분배와 생산의 분리'는 항상 성립되는 셈이고, 자본시장이 결여되어 있는 경우에도 정상상태에서는 결국 장기적으로 '분배와 생산의 분리'가 성립됩니다. 정상상태의 성질 가운데 평등화의 극한도 중요하지만 그보다도(자본시장이 완전하다면 이 평등화 경향은 애초에 성립되지 않습니다) 이러한 자본의 완전고용과 사회적 생산의 최대화에 주목해야 합니다.

이러한 내용에 입각해 이번에는 장기적으로도 성장이 지속되는 경제에 대해서 생각해봅시다.

기술혁신을 모형에 반영하다

——— 결국 우리 관심의 초점은 기술변화에 따른 총요소생산성의 상승이 지속되는 '내포적 성장'(4장 참조)이며, 그런 상황에서의 소득과 부의 분배입니다. 현실적으로 오늘날의 자본주의 시장경제에서는 대부분의 기술혁신이 이익을 추구하는 기업이나 개인의 시행착오에 의해 실현되고 있습니다. 그러나 그러한 기술혁신을 창출하는 체제를 정통적인 경제이론의 용어로 제대로 표현하기란 상당히 어려운 일입니다. 오랫동안 모형에 있어서 기술혁신은 그야말로 하

늘에서 뚝 떨어진 것처럼 타당한 근거 없이 외생적으로 부여되는 경우가 많았습니다.

굳이 현실적인 해석을 붙이면 '기술혁신은 경제적 이익과는 상관없이 순수하게 지적인 탐구에 힘쓰는 학술연구의 세계에서 발생하고, 비즈니스의 세계에 무상으로 제공된다'는 정도일 것입니다. 이렇게 해당 학술분야에 대한 체제는 블랙박스로 방치해 두었습니다. 솔로-스완 모형에 기술혁신과 생산성 상승을 반영하는 경우는 완전히 외부에서 가져온 것처럼, 마치 하늘에서 내려온 단비처럼, 설명 없는 조건으로 '이유는 알 수 없지만 계속 상승하는 성장률'을 상정하는 것이 일반적이었습니다.

물론 마르크스 그리고 슘페터 이후에는 이른 시기부터 기술혁신의 주요 원동력은 다름 아닌 자본가를 비롯해 시장경제 속에서 치열한 경쟁에 참가하고 있는 주체들이라는 점이 강조되었습니다. 그러나 여러 차례 언급했듯이 그것을 매끄럽게 이론에 반영하는 것은 대단히 어려운 일이었습니다.

기술혁신은 어디까지나 사적 이익을 지향하는 경제주체가 내린 합리적 선택의 결과라는 내용을 이론화하는 모형, 말하자면 '내생적 성장' 모형에 대한 연구는 1980년대 후반부터 활발하게 진행되기 시작했습니다(존스가 말하는 '내포적 성장'은 당연히 이러한 '내생적 성장'에 의해서 발생하지만, 두 개념은 동일한 것이 아닙니다. 종래의 '외생적 모형'에서는 생산성 상승을 설명 없이 제시하고 있습니다). 여전히 '정설'은 존재하지 않지만, 일시적인 발상을 넘어 학계의 공유재산으로까지 발전해 교과서에도 실리는 몇몇 '정설' 모형이 성립되었습니다. 그리고 이 책에서 다루고 있는 '불평등 르네상스'에 대한 대다수의 이론적 연구는 바로 이런 '내생적 성장'에 대한 분배의 영향에 초점을 맞추고 있습니다. 다시 말해 내생적 성장 모형에서는 제로성장이 아니라 1인당 생산력과 총요소생산성의 향상이 지속되는 정상상태가 도출되며, 동시에 그러한 정상상태의 성장률에 자본과 소득의 분배 양상이—앞에서 설명한 고전적인 '제로성장'의 정상상태처럼 단기적 · 일시적은 물론이고 장기적 · 영속적으로도— 영향을 준다고 말합니다.

'일반적 모형' 중에서 가장 단순하고 원시적인 모형은 '마셜적 외부성' '네트워크 외부성' 등의 용어로 불려온 현상을 반영한 모형입니다. 보다 직접적으로 말하면 '지식과 기술의 스필오버(누출, 확산)' 입니다.

예를 들어 기술적인 지식은 그것을 체득하여 완벽하게 사용함으로써 개별적 경제주체가 그것을 알지 못하는 경쟁자보다 생산성을 높여서 앞서갈 수 있게 해줍니다. 각 개인과 각 기업의 입장에서는 당연히 자신이 가지고 있는 지식과 기술을 자신만의 것으로 몰래 감춰두고 싶을 것입니다. 그런데 지식과 기술이 계속 독점되지 못하고 사회전체에 알려지고 공유된다면 어떨까요? 공익의 관점에서는 어떨지 몰라도 처음에 독점하고 있던 사람은 손해만 보게 될까요? 반드시 그런 것은 아닙니다. 물론 더 이상 경쟁자보다 상대적으로 유리한 위치를 차지할 수 없을지도 모릅니다. 그러나 그 지식과 기술이 응용성이 뛰어나서 본인의 업계 이외에도 널리 이용될 수 있는 경우라면 어떨까요? 지식을 독점해서 경쟁자보다 좋은 제품을 보다 싸게 판매하는 것은 이제 불가능할 수도 있습니다. 그렇다면 원元독점자는 생산자·판매자로서는 손해를 본 셈이 됩니다. 하지만 유출된 지식이 좁은 업계를 벗어나 다른 산업에서도 위력을 발휘하여 더 좋은 물건을 더 싸게 만드는 데 공헌하고 있다고 가정해봅시다. 그렇게 되면 원독점자는 생산자·판매자의 입장에서는 손해를 보겠지만, 소비자·구입자의 입장에서는 이득을 보게 됩니다. 지식과 기술의 응용성이 대단히 뛰어나다면 손해보다 이득이 클 것입니다. 이러한 스필오버 효과는 무엇보다 근본적인 수준에서는 '읽고 쓰고 셈하기', 즉 초등중등교육 수준의 식자능력과 기초학력에서 강조되고 있습니다. 다양한 기술표준의 경우를 생각해보면 쉽게 이해할 수 있을 것입니다.

이렇게 '해당 효과가 본인들의 이익이 될 뿐 아니라 외부로도 흘러나가는 투자'를 상정하면, 비교적 간단히 '내포적 성장'을 동반하는 '플러스성장의 정상상태' 모형을 구성할 수 있습니다. 더욱 흥미로운 사실은 이러한 스필오버 효과, 경제학 전문용어로 '외부경제'가 존재하는 경우는 그렇지 않은 경우와는 달리 개인적 최적성과 사회적 최적성 사이에 확연한 차이가 존재한다는 점입니다. '외부경제'가 존재하지 않는 표준적인 경우에는 각 주체가 자신의 이익을 위해서 최대한 노력하는 것이 사회적으로도 최대한의 자원 활용으로 이어집니다. 그러나 '외부경제'가 존재하는 경우에는 노력의 성과가 그대로 해당 노력의 주체에게 돌아가지 않고 다른 곳으로도 흘러가기 때문에 타인이 올린 성과에 '무임승차'하려는 동기가 발생합니다. 다시 말해 이러한 '지식과 기술의 스필오버'가 반영된 시장경제 모형에서는 그것이 존재하지 않는 모형과 다르게 플러스 성장의 정상상태가 성립되지만, 그 정상상태는 기술적으로 얻을 수 있는 최대한의 경제적 성장이 아닙니다. 완전경쟁하에서 이러한 비효율적인 결과가 도출되기 때문에 이것은 말하자면 '시장의 실패'라고 할 수 있습니다.

'무임승차' 문제는 잠시 미뤄두고 '플러스성장의 정상상태'에 대한 문제로 되돌아갑시다. 앞에서 검토한 '제로성장의 정상상태'에서의 다양한 분배유형에 스필오버 효과를 더하면 어떻게 변하는지 살펴볼 필요가 있기 때문입니다.

신규투자가 새로운 지식과 기술을 동반하고 나아가 그러한 지식과 기술이 해당 투자의 주체 이외의 사람들에게도 흘러가 사회 전체적으로 총요소생산성이 향상되어 플러스성장을 정상상태로 발생시키는 모형을 만든다고 가정해봅시다. 그런 모형에서는 투자가 특이한 성질을 갖게 됩니다. 다시 말해 사업자를 기준으로 하는 각 경제주체 차원에서는 '자본에 관한 수확체감'이 성립하지만, 사회 전체적인 총자본의 차원에서는 '자본에 관한 수확일정'이 성립됩니다. 그렇게 되면 사회 전체적인 자본의 한계생산성이 일정하게 유지되어 내려가지 않기 때문에 할인율도 일치하지 않습니다. 결론적으로 한계생산성과 할인율의 차이에 의해 성장률이 결정됩니다. 기술이 변하지 않는 경우에 한계생산성과 할인율이 일치하여 제로성장의 정상상태를 이루는 것과 정반대의 경우입니다. 그리고 '규모에 관한 수확일정'도 붕괴되어 일종의 '규모의 경제성(규모가 커질수록 생산성이 높아지는 상황)'이 성립됩니다.

앞에서 제시한 네 가지 모형의 생산기술을 스필오버 효과가 더해진 것으로 대체한 결과를 간단히 소개하면 다음과 같습니다.

①′ 자본시장이 완전한 중첩세대 모형(그리고 솔로우—스완 모형)에 대해서 살펴보면, 얼핏 보면 ①에서 그다지 변하지 않은 것처럼 보입니다. 성장과정은 '플러스성장의 정상상태'를 향해서 대체적으로 수렴하며, 그 과정에서 격차도 축소됩니다. (실은 중첩세대 모형에서 상정하고 있는 경제는 스필오버가 존재하지 않는 제로성장의 정상상태에서도, 완전경쟁하에서는 기술적으로 가능한 최대의 성장을 달성할 수 없다는 흥미로운 성질을 가지고 있습니다. 그러나 이 책에서 그 점에 대해서는 다룰 여유가 없습니다.)

②′ 자본시장이 결여된 중첩세대 모형의 경우에도 상황은 비슷합니다. 그러나 ①′ 와 비교하면, 정상상태로의 수렴이 느리며 생산수준이 영속적으로 낮아집니다. 출발점에서의 분배가 불

평등하면 할수록 수렴은 더욱 늦어지고 생산수준의 저하가 심해집니다.

③′ 자본시장이 완전한 램지 모형입니다. 이 경우도 ③과 비슷합니다. 자본시장이 완전하다면 구성원 모두가 동일한 이자율에 직면하고, 자본의 대차를 통해서 수중에 동일한 자본설비를 갖추고, 동일한 생산을 행하고, 동일한 조수입을 올립니다. 그러나 이자의 지불과 수취에 의해서 결국 순수입 차원에서 격차가 발생하는 구조는 여기서도 작용합니다. 그 때문에 전원이 동일한 성장률을 경험하고 그럼으로써 초기의 격차가 계속 유지됩니다.

④′ 자본시장이 결여된 램지 모형도 대체적으로 ③′ 와 마찬가지로 정상성장에 수렴합니다. 그러나 ④와 마찬가지로 자본시장이 결여되어 있기 때문에 그 수렴 과정에서 평등화가 진행됩니다.

여기서 전체적인 이미지를 파악할 수 있도록 2개의 표를 제시하겠습니다. 굳이 설명할 필요도 없겠지만, 이들 표를 도출하는 자세한 이론에 대해서는 6장의 끝부분과 후기에서 언급하는 수학적 주석을 참고해주십시오.

표 1은 ①′ 와 ②′ 의 차이를 나타냅니다. 세로축은 1인당 자본, 가로축은 시간(세대)입니다. 동일한 생산기술하에서 출발점의 상태(사

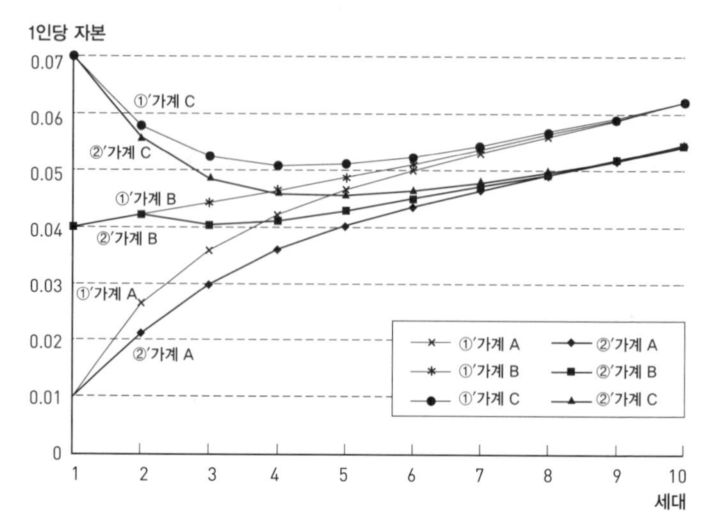

표 1. 중첩세대 유형의 내포적 성장 모형 - 자본시장이 완전한 ①'와 결여된 ②'

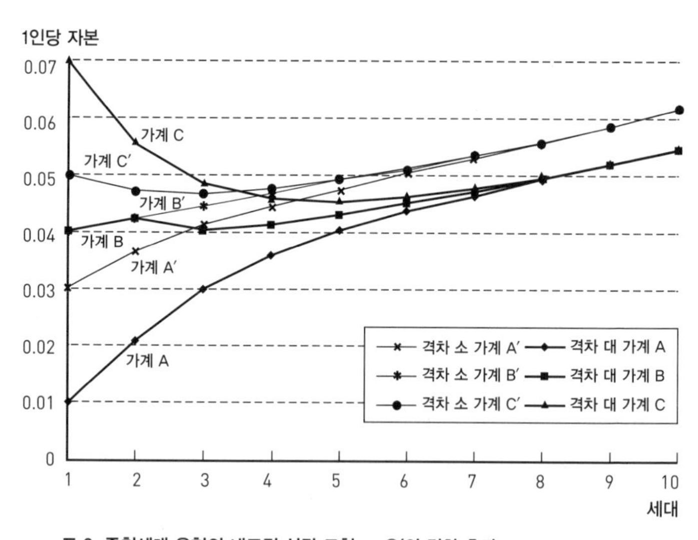

표 2. 중첩세대 유형의 내포적 성장 모형 - ②'의 격차 효과

회적 총자본의 양과 그 분배)가 동일하더라도 자본시장이 완전한 ①′와 결여되어 있는 ②′는 최종적인 정상상태에 도달하는 데 걸리는 시간에 차이가 있습니다. 그 결과, 정상성장률은 동일해도 절대적인 자본량, 나아가 총생산에 차이가 발생하는 모습을 나타내고 있습니다. 표에는 가계 A, 가계 B, 가계 C의 3가계(세대교대가 일어나고 있기 때문에 개인이라고는 할 수 없습니다) 그룹이 걷는 두 길이 표시되어 있습니다. 출발점에서의 자본량은 가계 A, 가계 B, 가계 C의 순서로 많으며, B는 정확히 평균의 위치에 해당합니다. 동일한 출발점에서 가계 사이에 나름의 격차가 존재하는 상태로 출발하여 최종적으로는 격차가 없어지고 있지만, ①′에 비해서 ②′는 수렴이 늦고 최종적인 소득과 부의 수준이 낮아진다는 것을 알 수 있습니다.

표 2는 ②′에서 자본분배의 불평등이 성장의 뒤처짐으로 이어지는 모습을 나타냅니다. 두 그룹은 출발점에서의 사회적 자본의 총량, 다시 말해 1가계당 평균자본량(격차 대 그룹의 가계 B와 격차 소 그룹의 B′)은 동일하지만 전자가 후자보다 불평등합니다. 최종적으로 모든 그룹에서 자본소유가 평등화되고 동일한 정상성장률에 도달하지만, 전자는 후자에 대한 뒤처짐을 따라잡지 못합니다.

지금까지 제로성장 정상상태와 플러스성장 정상상태에 대해서, 자본시장의 유무와 '저축률이 일정한가? 그렇지 않은가?'라는 점에 주목해 각각 4개 유형의 총 8개 유형을 '벤치마크'로 열거했습니다.

물론 이것은 결코 발생가능한 모든 유형이 아닙니다. 발생할 수 있는 가능성의 전체구조를 간단히 파악하기 위해서 제시한 이해하기 쉬운 분류기준에 불과합니다. 이제는 자본시장의 존재와 저축률의 상태, 나아가 자본에 관한 수확체감과 수확일정 등의 요인이 성장과 분배에 미칠 수 있는 영향에 대한 대략적인 개념이 잡혔을 것입니다. 다음 장에서는 그 의미에 대해서 생각해보도록 하겠습니다.

08

자본시장의 완성인가, 재분배인가?

불평등 르네상스 ③

자본의 편재를 어떻게 해결할 것인가?

——— 지금까지 검토한 모형에서는 자본의 최저 필요한도를 설정하지 않은 상태로 비즈니스 규모는 얼마든지 작아질 수 있어서 개인사업주 차원까지 분해해도 특별히 불이익은 발생하지 않는다는 상당히 극단적인 상정을 했습니다. 그러나 그렇게까지 극단적으로 생각하지 않아도 '사회적으로 기술이 공유되고 있는 경우에는 각 사업단위 사이의 자본노동비율(노동 1단위당 자본량)을 동일한 수준으로 맞추는 쪽이 보다 효율적이다'라고 설명하면 납득이 갈 것입니다. 그러나 현실에서는 이런 조건이 처음부터 마련되어 있는 요행은 바라기 힘듭니다. 자본은 가진 사람에게는 있고 없는 사람에게는 없는 식으로 편재되어 있습니다.

이 문제를 해결해 사회적으로 최적의 자본노동비율을 만들기 위해서는, 여기까지 책을 읽은 분이라면 적어도 세 가지 방법을 떠올릴 수 있을 것입니다.

첫 번째는 자연적인 흐름에 맡기고 각자 열심히 노력해 자본을 축적해가는 방법입니다. 이것은 자연을 따르는 무리 없는 방법이지만, 특히 자본시장이 존재하지 않는 경우에는 시간이 걸립니다.

두 번째는 자본시장을 완비하는 방법입니다. 이 방법은 일단 완성되면 즉각적으로 효과를 볼 수 있지만, 은행과 주식시장 같은 제대로 된 제도를 만드는 것은 실제로는 상당히 힘든 일입니다. 또한 현실경제가 중첩세대 모형보다 램지 모형에 가깝다면, 이 방법은 불평등 개선에 도움이 되지 못합니다.

지금까지 책에서 분명하게 시사한 방법은 이 2가지입니다. 그런데 이 외에 제3의 방법도 존재합니다. 한마디로 말하면, 국가권력이 개입하는 재정적인 재분배정책입니다. 재분배정책에도 자본과 자산 그 자체, 즉 저량을 한꺼번에 재분배하는 방법(농지개혁 등은 이쪽에 가깝습니다)과 수입, 소득이나 소비지출 등의 유량을 재분배하는 방법이 있습니다. 전자는 너무나도 혁명적이기 때문에 잠시 고찰대상에서 제외하도록 하겠습니다. 후자의 경우 과세와 그것을 재원으로 하는 소득이전이나 무상서비스 급부에는 나름의 단점이 있습니다. 과세로 인한 디스인센티브 효과, 다시 말해 소득세가 노동과 경영의욕을 저해하고 소비세가 소비의욕을 저해할 가능성입니다.

많은 문제들 중에서 먼저 고려해야 할 점은 첫 번째로 제시한 '자연에 맡기는' 방법은 의외로 신뢰할 수 없다는 점입니다. 자본시장은 존재하지만 기술변화가 존재하지 않는 제로성장 정상상태에서는 이 방법도 괜찮을지 모릅니다. 그러나 그런 상황은 우리가 살고 있는 현실세계와는 멀리 떨어져 있습니다. 기술변화가 존재하거나 자본시장이 존재하지만 불완전한 세계에서는 '자연에 맡기는' 방법은 시간이 너무 오래 걸릴 뿐 아니라 결과도 확실하지 않습니다. 그렇다면 주목해야 할 것은 두 번째 자본시장의 정비와 세 번째 재정에 의한 재분배입니다.

이러한 내용을 고려하면 '불평등 르네상스'의 이론적 관심의 초점은 자연이라는 것을 알 수 있습니다. 극단적으로 말하면 그 주역은 앞에서 제시한 목록 가운데 ②′의 자본시장이 결여된 중첩세대 모형의 발상에 입각한 논의라고 할 수 있습니다. 그리고 이러한 불평등과 저성장을 극복하기 위한 전략으로 자본시장 개혁과 재정적 재분배라는 두 가지 방향성을 시사할 수 있습니다.•

지금까지 살펴본 내용을 확인해봅시다. 기술변화가 존재하지 않는 제로성장의(또는 신기술이 무료로 하늘에서 뚝 떨어지는) 정상상태에서는 초기의 불평등 그리고 비효율적인 상황이 성장과정에서 변합니다. 자본시장이 존재하지 않는다면 주로 각 개인의 자급자족적인 저축(≒투자)에 의해서 자본노동비율이 효율화되며 동시에 평등화도 달

• 교과서 등에서 이정표로 자주 참조하는 것은 1993년에 발표된 오뎃 갈로아Oded Galor와 조셉 제이라Joseph Zeira의 논문 「소득분배와 거시경제학Income Distribution and Macroeconomics」입니다. 피케티의 1997년 논문도 저축률일정의 전제에 입각해 기본적으로는 ②′와 동일한 중첩세대 모형을 따르고 있습니다.

성됩니다(시장경제는 존재하지만 그곳에서 사람들이 거래하는 것은 주로 최종제품이나 소비재이지 자본이나 생산재는 아니라는 뜻입니다). 자본시장이 완전한 경우에는 보다 빠른 속도로 자본이용이 효율화되며, 그것은 자본분배 자체의 평등화를 필요로 하지 않습니다. 결국 장기적으로는 (정상상태의 경우에는) 분배가 성장률에 영향을 미치지 않습니다.

그러나 (각 주체의 스필오버를 동반한 자조노력에 의한) 내생적인 기술변화가 존재하는 경제에서 자본시장이 존재하지 않거나 기능이상인 경우는 그렇지 않습니다. 앞에서도 설명했지만, 자본시장이 존재하지 않는 경우에는 자본효율화의 개선 그리고 그에 동반되는 사회적인 자본분배의 평등화는 자본거래, 경제주체 사이의 자본이동에 의해서가 아니라 각자의 고립된 자급자족적인 저축으로 이루어집니다. 투자는 효율이 더 이상 올라가지 않는 지점까지 계속됩니다. 제로성장의 정상상태에서 그것은 '자본에 관한 수확체감' 때문에 계속 감소하는 자본의 한계생산성이 주관적인 할인율과 일치하는 지점입니다.

그러나 플러스성장의 정상상태에서는 아이러니하게도 자본의 한계생산성은 할인율과 일치하기 직전에 멈춰버립니다. 여기서 벤치마크로서 상정한 모형에서는 '자본에 관한 수확일정'을 상정하고 있기 때문에 자본의 한계생산성은 투자액과 관계없이 그리고 자본 저량의 총량과는 관계없이 일정불변하며 결코 할인율과 가까워지지 않습니다. 자본시장의 부재 또한 확실히 마이너스 효과를 초래합니다.

이러한 내용을 간단히 정리하면, 기술혁신이 지속되고 플러스 성장의 정상상태가 존재하는 한편으로 자본시장이 결여되어 있거나 현저하게 약한 경제에서는 자본의 분배에 있어서 격차의 축소경향이 다소 약하고, 초기의 분배가 불평등하면 할수록 장기적인 생산수준도 낮아진다고 할 수 있습니다. 자본시장이 존재하지 않고 자본의 분배가 불평등하면 할수록, 자본의 사회적인 이용효율은 나빠지고 사회적인 총생산은 낮아지는 셈입니다. 그런데 이 경우에는 제로성장의 정상상태가 존재하는 경제와는 달리 정상상태에서도 이러한 초기의 불평등의 악영향이 해소되지 않고 지속됩니다. 다시 말해 '분배와 생산의 분리'가 단기는 물론 장기적으로도 성립되지 않습니다. 게다가 과거 고전파의 상정과는 반대로 '불평등한 쪽이 생산력이 저하되고 성장률이 낮아진다'는 결론이 도출됩니다.

물론 이러한 주장은 20세기 말부터 선진국들에서 관측된 소득과 부의 분배에 관한 불평등화에 자극을 받아서 이론적인 해명을 추구하면서 활발해졌습니다. 그러나 한편으로는 고전파적인 '분배와 생산·성장의 관계'에 대한 문제관심의(결론적으로 역전된 형태의) 부활처럼 보이기도 합니다. 그렇지만 이러한 논의는 종래의 신고전파의 범주를 이탈하지도 않았습니다. 예를 들어 불평등을 초래하는 중요한 요인으로 자본시장의 부재 또는 불완전성에 주목하는 것은 자본시장이 충분히 효율적으로 변하면 '분배와 생산의 분리'가 성립되어 불평등 문제가 해소되지는 않아도 심각성은 낮아진다는 입론의 여지를 남기고 있다고도 볼 수 있습니다. 그렇게 생각하면 이러한 새로운 불평등론은 보기보다 반反'쿠즈네츠 곡선'적이지 않다고도 할 수 있습니다.

쿠즈네츠 곡선의 배후에 존재하는 체제가 단순한 생산력 향상에 그치지 않고 자유로운 시장경제가 더 깊숙이 침투한 것이라면(중첩 세대 모형이라면 자본시장은 오히려 평등화 요인일 수도 있습니다), 20세기 말 이후에 나타난 불평등화 경향은 자본시장의 발전이 기술혁신을 충분히 따라잡지 못하고 있기 때문에 발생하는, 다시 말해 시장경제의 미성숙이 그 원인이라는 주장도 세울 수 있습니다.

이런 사고방식을 가지고 있다면, 앞에서 소개한 '자본시장의 개혁인가? 재정적 재분배인가?'라는 선택에서 전자의 손을 들어주게 될 것입니다. 뭐니뭐니 해도 재정적 재분배는 시장을 왜곡시키는 외부로부터의 정책개입이며, 사회적 생산의 최대화라는 관점에서도 불리한 방법이기 때문입니다. 정책목표로 공평보다 효율, 평등보다 생산의 최대화를 중요하게 여긴다면, 역시 최선의 대응은 자본시장의 정비일 것입니다. 만약 불평등을 완화하고 싶거나 적어도 빈곤자의 상황을 개선하기 원한다면, 교육 같은 인적자본 차원에서의 재분배가 아니라 생활부조 등의 최종적인 소비 차원에서 하면 된다고 생각할 수도 있습니다.

그러나 '불평등 르네상스'의 많은 이론가들(그 안에는 젊은 시절의 피케티도 들어갑니다)은 반드시 이 입장을 취하지는 않았습니다. 그들 다수는 실천적인 정책지침으로 공공정책에 의한 재분배, 특히 인적자본의 공적공급에 대한 필요성을 주장했습니다. 그런 의미에서 역시 이 조류는 신고전파로부터의 이탈은 아니라도 고전파적 또는 어쩌면 마르크스적 관심의 부흥이라고 할 수 있습니다. 그 이유는 무엇일까요?

인적자본은 자본시장에 융합될 수 있는가?

——— 그 이유는 이러한 이론가들 대부분이 일단 실증적인 차원에서는 선진국의 국내 소득격차의 주요부분을 임금격차와 노동소득격차로 파악하고, 물적·금융자본에서 얻는 소득(이자와 배당 등) 격차, 자본소유 그 자체에 대한 격차, 그리고 자본을 소유한 사람과 소유하지 않은 사람의 격차를 굳이 말하자면 이차원적인 것으로 이해했기 때문입니다. 그리고 이론적인 차원에서는 노동소득격차의 배후에서 당연히 인적자본을 발견했지만, 인적자본 즉 인간의 노동능력, 지식이나 기능에 대한 투자는 물적자본의 경우에 비해서 시장 거래가 지극히 어렵다고 생각했기 때문입니다.

물적자본의 시장거래에는 다양한 유형이 존재합니다. 그러나 지금까지 이론 모형에서 상정한 '자본시장'은 기본적으로 자본을 사고파는 시장이 아니라 자본을 빌리고 빌려주는 시장이었습니다. 매매가 아니라 대차를 기본으로 생각하는 이유는 자본은 통째로 매매하기에는 너무나 고액이기 때문입니다. 현대의 전형적인 '자본'인 회사조직은 주식이라는 부분적인 소유권으로 분할해 거래됩니다. 회사나 거대설비를 통째로 사고파는 경우에도 일반적으로 은행 등이 개입하여 장기간에 걸친 자금의 대차가 이루어집니다.

그에 비해서 인적자본의 시장거래에 대해서 생각해보면 사정은 상당히 달라집니다. 우선 인적자본은 어디까지나 사람의 능력이며, 지식이나 정보의 경우도 어디까지나 사람이 가지고 있는 것입니다. 따라서 인적자본은 소유자로부터 분리해 '사물'로 유통할 수 없습니다. 또한 노예제도가 위법인 세계에서는 당연히 인적자본을 그것이 투하된 사람과 함께 거래할 수도 없습니다. 다시 말해 인적자본은 '주식시장'처럼 처리할 수 없습니다.

인적자본의 거래시장은 토지나 자본 같은 임대차시장 개념만으로는 설명할 수 없습니다. 대상을 통째로 거래하는 매매시장이 일반적이지 않기 때문입니다. 인적자본 자체의 대차시장은 지극히 일반적인 의미에서의 '노동시장'입니다. 앞에서도 시사했듯이 임금과 급료는 노동이라는 상품의 가격이라기보다 인적자본의 임대료입니다. 그리고 추가적으로 인적자본에 대한 투자비용을 재정적으로 처리하기 위한 시장도 상정할 수 있습니다. 한마디로 교육훈련비용을 유통하는 시장입니다. (유이자 장학금을 포함한) 학자금대출 시장인 것입니다.

물론 교육훈련비용은 재력 있는 부모가 자녀의 학비를 현금으로 지불하는 경우처럼 단기적인 매매거래로 지불되는 경우도 있습니다. 그러나 당사자가 부담하는 경우에는 교육훈련을 받고 있는 동안은 일해서 벌 수 있는 금액이 제한적이기 때문에 아무래도 대출에 대한 의존이 높아집니다. 선진국에 살고 있는 우리는 현재 초등 중등교육 비용의 공적 지불이 당연한 세상에서 살고 있기 때문에 이런 발상이 좀처럼 익숙하지 않을 수도 있습니다. 하지만 고등교육의 경우를 생각해보면, 오늘날 선진국의 현실에서도 '당사자가 부담하는 학자금대출로 학비를 지불한다'는 모형은 충분히 현실적입니다. 그런 이유에서 이어지는 논의에서는 학자금대출 시장에 초점을 맞추겠습니다.

물론 시장의 불완전성은 학자금대출 시장만의 문제가 아닙니다. 내포적 성장, 즉 기술혁신에 공헌하는 투자는 자본설비에 관련된 물적인 경우와 지식과 기능에 관련된 인적인 경우 모두 불확실한 미래에 대한 도박입니다. 그런 점에서는 틀림없이 민간시장이 쉽게 감당하기 어려운 부분이 있습니다. 게다가 설비투자와 비교했을 때 새로운 기술이 아니라 이미 확립된 지식이나 기능의 경우도 살아있는 인간이 그것을 습득할 성공여부에 대한 불확실성이 현저히 높습니다. 평균적인 몸을 가지고 있다면 누구라도 할 수 있는, 얼핏 단순해 보이는 육체노동도 적합한 경우와 적합하지 않은 경우가 있습니다. 그것은 단순한 육체적 강인함과 건강뿐 아니라 기질 등이 포함된 문제입니다. 이러한 적성의 상당 부분은 시험만으로는 충분히 파악할 수 없고, 일정한 수습기간을 거치면서 비로소 확실히 알 수 있습니다.

또한 물적투자를 재정적으로 처리하기 위한 자금차입의 경우, 투자대상인 자본재는 담보로 잡을 수 있지만 현대의 법으로는 사람의 신체를 담보로 잡을 수 없습니다. 예를 들어 회사의 돈으로 유학을 갔다가 회사를 그만두고 전직하거나 창업한 전前사원을 '투자한 학비만큼 일하라'고 속박(법적 효력이 없는 신사협정보다 강력하게)할 수는 없습니다. 결국 이것은 노예화를 방지하기 위한 편법입니다. 그러나 결과적으로 인적자본의 재정처리에서는 큰 손실을 입을 위험이 확연히 높아집니다. 손실을 피하기 위해 빌려주는 쪽은 상당히 억제적인 입장을 취할 수밖에 없습니다.

지금까지 살펴본 내용을 염두에 두고 학자금대출에 대해서 생각해봅시다. 학교교육은 존재하지만 독립채산으로 운영되고 있어서 그 비용은 원칙적으로 교육을 받는 당사자가 부담해야 한다고 가정해봅시다. 영리·비영리 여부는 무시합니다. 이런 경우에 학생에게는 현금으로 지불하거나 자본시장에서 돈을 빌려서 지불하는 양자택일밖에 존재하지 않습니다. 그런데 큰 손실의 위험 때문에 대출을 제공하는 금융기관은 빌리는 학생의 능력이나 성의를 파악하기 위한 심사를 엄격하게 실시합니다. 심사에는 당연히 비용이 들어갈 것이며, 비용을 들였다고 완벽한 예상이 세워지는 것도 아닙니다. 게다가 실물투자 대출과는 달리 투자대상을 담보로 잡을 수 없기 때문에 인적투자 대출(학자금대출)은 실물투자 대출에 비해서 상대적으로 높은 이자를 필요로 할 수밖에 없습니다.

완전정보의 세계, 다시 말해 미지의 영역은 존재하지 않고 장래에 대해서도 확실한 예상을 세울 수 있는 상황을 잠정적으로 상정해봅시다. 불완전정보의 세계는 이상적인 완전정보의 세계에 비해서 자금공급이 부족해 그만큼 인적자본이 충분히 이용되지 않습니다. 즉 교육을 받아서 돈을 더 벌 수 있었던 사람들이 그것을 포기하고 더 낮은 수입에 만족할 수밖에 없다는 것을 알 수 있습니다. 결국 교육을 통한 불평등의 개선 그리고 인적자본의 유효활용도 불충분하게 이루어집니다.

문제는 불균형한 현실세계 그리고 그런 세계에서 자원 활용을 어디까지 이상적인 세계에 가깝게 만들 수 있는지입니다. 그러기 위해서는 당연히 비용이 필요합니다. 그것은 주로 '거래비용'이라고 불리는 비용, 이상적인 완전정보의 세계에서는 존재하지 않거나 무시할 수 있을 정도로 낮은 정보처리 비용, 정보를 수집하고 최적의 의사결정을 내리기 위해서 필요한 노력과 자원입니다. 기술혁신투자나 자본투자를 취급하는 자금시장은 아무리 발전해도 무시할 수 없는 이 거래비용 때문에 어려움을 겪을 수밖에 없어 상대적으로 효율성이 낮습니다.

그에 비해서 재정적인 수단, 다시 말해 자유로운 시장에서의 자발적인 거래를 통하지 않고 정부가 강제적인 과세와 무상급부로 인적투자 비용을 재정적으로 처리하는(한마디로 공교육) 방식은 어떨까요? 경제학의 교과서적 관점에서 보면, 과세와 과세를 기반으로 하는 소득이전은 가격체제를 왜곡하기(급여소득에 대한 과세는 노동자 임금인하의 효과가 있어서 노동의욕에 영향을 미치며, 술이나 담배 등의 특정상품에 대한 과세도 가격인상의 효과가 있어서 그 수요를 감소시킵니다. 반대로 이전급부를 받아서 소득이 증가한 사람의 노동과 소비행동 역시 변화할 것입니다) 때문에 자원의 유효활용 및 사회적인 총생산에는 마이너스 효과를 일으킵니다. 그러나 이러한 단점, 즉 마이너스 효과는 어디까지나 이상적인 완전정보의 세계와 비교했을 때의 이야기입니다. 여기서 비교대상으로 삼아야 할 대상은 오히려 앞에서 살펴본 민간주도의 인적투자 자금시장입니다. 이쪽 역시 이상적인 완전정보 경제와 비교하면 확실히 비효율적입니다. 문제는 어느 쪽의 (완전정보화 시장과 비교했을 때의) 비효율성이 더 큰지입니다.

여기서 추가적인 문제는 제5장에서도 살펴본 인적투자의 외부경제성(팀 생산의 '규모의 경제')입니다. 지속적인 기술혁신을 동반하는 플러스 성장의 정상상태가 존재하는 경제에서 지식과 기능의 스필오버라는 존재는 열쇠가 되는 요인이었습니다. 이러한 외부성은 물적자본보다 인적자본에서 현저하게 나타난다고 자세히 설명했습니다. 그 전형적인 예가 바로 노동경제학에서 주목하는 팀 생산의 효과입니다. 물론 여기서 말하는 팀 생산은 시장을 매개로 하지 않고 같은 직장에서 협동하는 사람들을 의미합니다. 그러나 팀 생산과 실질적으로 동일한 효과가 때때로 직장은 물론 심지어 기업의 벽을 넘어서도 작용합니다. 자주 언급되는 예가 경제학과 지리학 등에서도 주목하고 있는 '지역산업집적'입니다. 동일한 업종 내지는 관련업종의 여러 기업들이 인접된 지역에 밀집해 경쟁자로서 서로 경쟁하면서, 동시에 공식 · 비공식의 보험공제활동과 기술협력 등이 일상적으로 이루어지고 있는 상황입니다. '불평등 르네상스'의 문맥에서는 이러한 산업집적, 또는 앞에서 살펴본 기초적 식자능력이나 오늘날의 정보통신기술처럼 응용성이 높은 지식과 기술general purpose technology이 주목을 받았습니다. 그리고 인적투자의 외부경제성은 기업내부 · 직장차원의 팀 생산에 한정되지 않고 외부시장, 거시경제 차원에서도 작동하는 '마셜적 외부성' '네트워크 외부성'이라고 이해하게 되었습니다. 이러한 '외부성'은 이른바 '공공재(엄격한 소유권을 설정하기 어려운, 비용을 부담하지 않는 사람도 쉽게 이용할 수 있는 사물과 서비스)'나 환경파괴('공해(public bads)'는 '공공재(public goods)'의 반대 의미입니다)처럼 전형적인 '시장의 실패' 예라는 것은 앞에서 이미 설명했습니다. 타인의 노력의 성과에 '무임승차'할 수 있는 상황에서는 모두가 충분히 노력하지 않게 되어버리기 때문입니다.

재분배정책의
정치적 선택과 성장에 대해

——— 지금까지 인적투자에는 강한 불확실성과 외부성이 존재하기 때문에 '인적투자 특유의 불확실성을 극복하고, 더 개선된 자본시장을 구축한다'는 전략보다 '정보에 의한 강제적인 재분배를 통해 비용부담능력이 없는 사람들에게도 교육훈련을 급부한다'는 전략이 결과적으로는 더 효율적인 인적자본의 활용, 사회적 생산력의 최대화, 더 높은 성장을 가져올 수 있다는 주장의 타당성에 대해서 살펴보았습니다.

한편, 1990년대 '불평등 르네상스'의 이론가들이 '정책적으로 재분배와 공교육이 유효할 수 있다'는 정책론은 물론이고 '효과적인 재분배정책을 정치적으로 선택해서 성장할 수 있다'는 정치론까지 주장한 것은 더욱 흥미로운 일입니다.

1990년대 중반의 불평등과 성장을 둘러싼 초기의 이론적 검토에서 이정표가 된 논문 가운데 1994년에 발표된 알베르토 알레시나Alberto Alesina와 대니 로드릭Dani Rodrik의 논문 「분배 정치와 경제 성장Distributive Politics and Economic Growth」이 있습니다. 이 논문에서는 간단한 수리정치학, 즉 민주적 투표의 단순한 수학적 모형을 사용하여 다음과 같은 노골적인 주장을 전개합니다.

민주정치, 1인 1표의 투표제도하에서는 때때로 '중위투표자median voter'가 결정권을 쥐고 결과를 좌우한다. 가장 단순하게 생각해보자. 예를 들어 세율이 정책선택의 대상이라면, 그것을 둘러싼 정책들 그리고 각 정책에 대한 유권자의 지지를 하나의 선 위에 순서대로 늘어놓을 수 있다. 가장 낮은 세금제도를 지지하는 유권자에서부터 가장 높은 세금제도를 지지하는 유권자의 순서로 줄을 세웠을 때, 그 정중앙에 위치하는 것이 '중위투표자'다. 정반대의 입장에서 유권자의 지지를 두고 경쟁하는 두 정당이 있다고 가정해보자. 알기 쉽게 증세당과 감세당이라고 하자. 단순다수결에서 많은 지지를 받은 정당이 정권을 차지한다고 가정하면, 중위투표자가 지지하는 정당이 다수파가 되는 것을 알 수 있다. 이것을 '중위투표자 정리'라고 부른다.

'중위투표자 정리'가 타당하다면, 문제는 '이 중위투표자가 소득과 부의 분배에 있어서 사회적으로 어디에 위치하는가?'이다. 물론 분배의 불평등에는 다양한 척도가 있지만, 지금은 간단히 사람들을 소득의 많고 적음의 순서대로 일렬로 늘어세웠을 때, 앞에서 설명한 '중위투표자'에 대응하는 '중위소득자median income citizen(소득의 순서에서 정중앙에 위치하는 사람)'의 소득이 평균소득보다 높은지 낮은지로 생각해보자. 평균소득이 중위소득보다 높은 경우는 해당 국가와 사회의 불평등은 높은 수준이고, 그 반대라면 낮은 수준이라고 할 수 있다. 다시 말해 평균소득이 중위소득보다 높(낮)다면 상위소득자의 소득이 국민소득에서 차지하는 비율이 높(낮)다는 뜻이기 때문이다. 그리고 잘 알려져 있듯이 소득이나 재산의 분배유형은 기본적으로 중앙치보다 평균치가 높다.•
나아가 공공재를 위해서가 아니라 순수하게 오직 소득재분배를 위해서만 실시되는 세금제도의 경우를 생각해보자. 단순화를 위해서, 소득이 평균소득보다 높은 경우에는 세금을 징수당하고, 낮은 경우에는 반대로 보조금을 지급받는 제도를 생각해보자. 이런 제도의 세율을 민주적인 투표로 결정하는 경우 어떤 일이 일어날까? '중위투표자 정리'의 논리를 그대로 적용하면 중위소득자가 바라는 세율이 바로 선거에서 승리하고 싶은 정당이 공약으로 내세우는 세율이다. 그렇게 생각하면 중위소득이 평균소득을 크게 웃돌면 웃돌수록, 즉 소득이 불평등하면 할수록 높은 세율과 대규모 재분배를 선택하게 될 것이다. 때문에 민주정치가 제대로 이루어지고 있는 국가에서는 기본 (세금을 떼기 전의) 소득이 불평등하면 할수록 세율이 높아지고, 그것이 경제에 미치는 왜곡효과도 커져서 성장률이 낮아진다고 예상할 수 있다.

이 같은 주장은 나름 흥미로운 주장이지만, 이 책에서 '불평등 르

- '중위투표자 정리'에 대해서는 사카이 도요타카坂井豊貴의 『다수결을 의심한다: 왜 선거는 우리를 배신하는가?多数決を疑う: 社会的選択理論とは何か』를 참고해주십시오.

네상스'라고 부르고 있는 조류에서는 소수파에 해당합니다. 알레시나·로드릭의 논문에서 불평등과 저성장을 연결 짓는 체제는 시장경제에 내재되어 있는 것이 아니라 바로 민주정치와 국가권력입니다(틀에 박힌 '신자유주의'적인 주장이라고 할 수 있습니다). 그러나 '불평등 르네상스'의 다수파는 오히려 앞에서 살펴본 것처럼 시장경제의 내부에서 불평등의 생성체제를 찾고 있습니다. '자본시장의 결여 혹은 불완전성'은 정부개입으로 인한 왜곡의 결과라기보다 '자연'적인 모습이며, 오히려 그것을 극복하기 위한 시장 정비에 정부개입과 정책지원이 필요하다고 주장합니다. 하지만 그런 정책이 경제학적으로 아무리 합리적이라도, 그것이 정치적으로 선택되어 실현되는 것은 전혀 다른 문제입니다. 알레시나·로드릭의 논문은 결론을 논외로 삼더라도 정책을 규정하는 정치과정에 주목한 점에는 높은 평가를 내릴 수 있습니다(참고로 설명을 덧붙이면, 이 논문에서 저자들이 제시한 정책은 '경제성장을 방해하는 민주적 재분배를 그만둬라'가 아니라 '자산의 불평등은 성장에 방해가 되므로 자산차원의 재분배를 촉진해라'였습니다).

1996년에는 롤랑 베나부Roland Bénabou가 「불평등과 성장Inequality and Growth」이라는 논문을 발표했습니다. 이 논문도 '중위투표자 정리'적인 정치모형을 사용하고 있지만, 경제의 기초구조에서는 ②'의 유형을 채용하여 '민주적인 결정에 의한 재분배는 어떤 경우에 성장률을 올리고, 어떤 경우에 내리는가'에 대해 검토하고 있습니다. 이 논문의 핵심은 역시 인적투자의 스필오버 효과에 의한 플러스 성장의 정상상태가 존재하는 경제에서는 알레시나·로드릭의 예상보다 사태가 복잡해진다는 점입니다. 베나부가 내린 결론은 민주적 결정에 의한 재분배는 조건에 따라서 불평등의 개선과 성장률의 개선 양쪽 모두로 귀결될 수 있다는 것이었습니다.

불평등은 악惡인가?
— 루소와 스미스의 대결에서 피케티로

——— 이쯤에서 지금까지 살펴본 내용을 정리해봅시다.

18세기 후반의 루소와 스미스의 대결을 다음과 같은 문답으로 살펴봤습니다. 즉 '사적 소유제도와 그 제도하에서의 분업은 불평등을 낳고 심지어 유지·강화한다. 그것을 도덕적으로 용인할 수 있는가?'라는 루소의 질문에 대해 스미스가 '사적 소유제도와 그 제도하에서의 분업은 사람들이 타인과 자유롭게 재산을 거래하는 시장체제와 함께 전개된다면, 불평등은 해소되지 않아도 전체적으로 풍요로움의 최저수준을 끌어올려주기 때문에 용인할 수 있다'고 대답한 것으로 이해했습니다. 스미스는 루소의 질문에 '불평등 자체가 악惡이다'라는 전제가 깔려 있을 가능성을 의도적으로 배제하고, '불평등은 풍요로운 사람이 가난한 사람을 착취한 결과이기 때문에 악이다'라고 해석했습니다. 이런 논리를 바탕으로 "가난한 사람을 보다 풍요롭게 만드는 불평등이라면 '불평등은 착취이기 때문에 악이다'라는 비판은 부당하다"고 대답한 셈입니다.

그러나 스미스와 그를 계승하는 19세기의 모든 고전파 경제학 학파는 시장경제하에서 가난한 사람, 구체적으로 말하면 직접 운용하는 생산설비와 자본재를 가지고 있지 않은 임금노동자는 풍요로워진다 해도 어차피 한계가 있다고 생각했습니다. 노동자계급 전체가 본인의 자본을 소유할 정도로 풍요로워질 가능성은 대부분 상정하지 않았습니다. 『자본론』에 집약된 시장경제에 대한 마르크스의 비판은 이 점을 간파하고 있었습니다. 마르크스는 사회의 다수를 차지하는 노동자대중이 재산을 축적해서 직접 자본가가 될 수 없다면, 결국 본인이 주도권과 리더십을 가지고 일할 수 없다면, 자본주의적인 시장경제는 법적인 형식상으로는 만인을 평등하게 취급하는 시민사회일지라도 실제로는 소수의 자본가만이 '자유로운 시민'인 계급지배사회라고 비판했습니다. 또한 마르크스는 자본주의가 불평등을 악화시키는 것은 물론이고, 호황과 불황의 경기순환을 반복시켜서 자본재와 노동력에 투입되는 생산력을 낭비하고, 시장에서의 경쟁을 바탕으로 소수의 독점기업을 만들어내 오히려 경쟁을 약화하고 시장체제를 왜곡함으로써 경제성장을 정체시킨다고도 생각했습니다. 그런 이유에서 마르크스는 자본주의 시민경제 그 자체를 포기해야 한다고 주장했습니다.

19세기부터 20세기에 걸친 전환기에 성립되어, 훗날 경제학의 주류를 형성하게 된 신고전파 경제학에서는 마르크스의 이러한 도전에 대해서 양의적인 대응을 하고 있습니다. 한편으로는 마르크스가 주장한 '불평등이 생산력을 저하시키고 경제를 정체시킨다'라는 가능성에 대해 '자본시장이 제대로 기능한다면, 분배와 생산은 분리될 수 있다'고 대답하며 자본주의적 시장경제하에서의 성장의 한계를 부정했습니다. 어떤 의미에서 이것은 루소적 비판의 반복인 마르크스의 주장에 대해 다시 한 번 스미스적인 답변을 제시한 것이었습니다. 그리고 동시에 루소에 대한 스미스의 답변이 그랬던 것처럼 어느 정도 논점을 회피한, 다시 말해 '불평등 자체가 악이 아닌가?'라는 질문을 회피한 것이기도 했습니다. 루소와 마르크스의 연구주제는 '풍요로움', 소비생활의 행복만이 아니었습니다. 시민사회에 대한 주체적 참여의 기회—루소의 경우는 주권자로서의 정치참여, 마르크스의 경우는 추가적으로 경제생활, 노동과 사업경영에 대한 노동자의 주체적 참여—를 문제로 삼고 있었다면, '자본주의 시장경제하에서도 노동자대중은 풍요로워질 수 있다'만으로는 충분한 답이 될 수 없습니다.•

그러나 신고전파 경제학 전체를 살펴보면, 마르크스의 비판에 대한 답변은 그것만이 아니었습니다. 마셜이 대표적으로 제시한 전망은 "'인적자본'으로 시야를 넓히면 노동자들도 자본을 축적할 수 있고, 그것은 경제 전체의 성장에도 도움이 된다"는 것이었습니다. 물론 이 전망은 자본주의 현상에 대한 부적절한 긍정론에 빠질 위험이 있습니다. 다시 말해 실제로 가난에서 벗어나지 못하는 사람들을 '물적자본이라면 몰라도 인적자본을 축적할 기회는 누구나 가지고 있다. 때문에 그들의 빈곤은 단순한 노력부족 (또는 소수의 예외적인 불운)에 불과하다'는 논리로 이해할 수도 있습니다. 20세기 말 이후가 되면 선진국에서는 불평등이 다시 확대되기 시작하고, 이런 현상에 대해서 새로운 이론적 모색이 이루어집니다. 모색을 통해 제시된 주장은 '시장에 의한 인적자본의 재정운영에는 구조적인 한계가 있기 때문에 정책적인 개입이 필요하다'였습니다.

바로 이 마지막 조류를 타고 젊은 이론가 피케티가 세상에 나왔

• 3장과 4장에서는 소개하지 않았지만, 20세기 전반에는 '사회주의 계획경제 논쟁'이라는 형태로 마르크스주의를 향한 신고전파의 반격이 이루어집니다. 마르크스주의자는 자본주의 시장경제를 부정하고, 그 대안으로 중앙정부가 경제 전체의 운영 계획을 책정하고 행정 수단을 통해서 사람들에게 그것을 명령하는 형태로 운영되는 '중앙지령형 계획경제'를 제시했습니다. 실제로 러시아에서 11월혁명으로 볼셰비키가 정권을 잡은 이후 이 구상은 실행에 옮겨지기 시작합니다. 이에 대해서 일부의 신고전파 경제학자들, 잘 알려진 예로는 루트비히 폰 미제스Ludwig von Mises, 1881~1973와 프리드리히 하이에크Friedrich August von Hayek, 1899~1992 등이 과감히 논쟁에 도전하여 '계획경제는 실제로는 기능하지 않다'고 비판했습니다. 훗날 이것은 대체적으로 정곡을 찌르는 비판이었음이 밝혀졌습니다. 그런데 여기서 주의해야 할 점은, 이 주장은 분명 마르크스주의를 포함한 일부 사회주의에 대한 타당한 비판이지만, 그 내용은 '사회주의자가 자본주의의 대안으로 제시한 것은 자본주의보다 엉망인 대용품이었다'는 것이지 '사회주의자들에 의한 자본주의 비판, 그 결함에 대한 지적은 틀렸다'고 할 수 있는 것은 아니었습니다('사회주의자의 자본주의 비판은 억지주장이다'라고 말이 격해질 여지는 있습니다만).

습니다. 그러나 피케티는 굳이 일부러 이 조류에서 벗어나서 수리 모형을 다루기보다 자료를 탐색하고 그것을 데이터베이스화해서 통계화하고 분석하는 실증연구를 시작합니다. 말하자면 '불평등 르네상스'의 실증적인 면에서 주도적인 존재가 되기 시작한 것입니다. 중요한 점은 그러한 전개가 갖는 의미입니다. 단순히 '이론에서 실증으로의 전환'으로 평가할 수 없습니다. 적어도 2000년대 이후에 진행된 피케티의 실증적 연구는 자료를 참조해 1990년대까지 얻은 이론적 지식을 검증하는 데 그치는 것이 아니라, 오히려 보다 새로운 이론에 의한 설명을 찾는 작업으로 평가해야 할 것입니다. 그러나 그 새로운 이론을 피케티 자신은 아직 명시적으로 제시하지 못하고 있습니다.

그 이유는 무엇일까요? 장을 바꿔서 살펴보도록 하겠습니다.

09

피케티에서 한 걸음 떨어져

21세기에 재점화된 불평등 논쟁

피케티는 『21세기 자본』에서 무엇을 말하고 있는가?

——— 명저 『21세기 자본』에 대해서는 이미 훌륭한 소개가 많기 때문에 여기서는 그 내용에 대한 개관이나 요약보다는 논점만 제시하겠습니다.

첫째로 피케티는 인적자본 안의 격차보다 오히려 물적자본의 격차, 그리고 물적자본을 소유한 사람과 그렇지 못한 사람의 격차에 관심을 집중합니다. 앞에서 살펴본 '불평등 르네상스'에서는 선진국 국내의 전반적인 격차, 특히 중류계급의 분해경향이나 하층의 빈곤화에 관심을 두었습니다. 임금과 인적자본의 격차에 관심이 집중되었던 것도 그런 이유 때문입니다. 속단하고 싶지는 않지만, 1990년대 피케티 본인을 포함한 인적자본과 격차 이론가들이 제시한 전망이 이 책에서 소개한 ②′ '자본시장이 결여된 중첩세대 · 내생적 성장 모형'에 가까운 것이었다면, 『20세기 자본』이 제시한 전망은 ③ '자본시장이 완전한 램지 모형' 또는 ③′ '자본시장이 완전한 램지·내생적 성장 모형'에 가까운 것처럼 보입니다.

또한 실증적인 기술 문제에 있어서도, 극히 소수에 불과한 자산가의 실태는 통계적으로 파악하기 어렵습니다. 예를 들어 인구가 약 1억 정도인 국가에서 표본을 추출해 사회조사를 하는 경우를 생각해봅시다. 신중하게 무작위로 표본을 추출할 경우, 예를 들어 국내에 10퍼센트 정도 존재하는 소수파의 동향을 파악하기 위해서는 100은 조금 불안하지만(통제할 수 없는 우연으로 문제의 소수파가 전혀 선택되지 않거나, 반대로 소수파가 다수를 차지할 위험을 무시할 수 없습니다), 표본을 1000 정도 선택하면 충분할 것입니다.

그러나 일하지 않고 자산소득만으로 호화로운 생활을 누릴 수 있는 대규모의 자산가 계층은 인구비로는 1퍼센트 또는 그 이하를 차지할 뿐입니다. 그렇기 때문에 무작위 표본추출에 따른 조사로는 효과적으로 파악할 수 없습니다. 하지만 관청 등이 조사한 기존의 통계를 사용하지 않고, 사회과학자 본인이 설문조사 등을 실시해 표본을 모으는 유형의 조사는 많은 비용이 필요합니다. 정보통신혁명으로 정보처리는 혁명적으로 용이해졌지만, 정보를 일일이 수집하는 일은 여전히 힘든 육체노동입니다. 1000은 개인이나 소규모 그룹이 할 수 있는 제대로 된 조사표본 규모의 상한선에 가깝습니다. 그러한 상황 속에서 피케티는 기존의 정부통계자료, 특히 세무통계 중에서 자산가의 동향을 파악할 수 있는 자료를 찾아내 그것을 통계화하고 분석할 수 있도록 가공(단위를 통일하거나, 확실한 오류를 제거하거나, 결여된 부분을 추정하거나)해서 『21세기 자본』이라는 결실을 맺은 국제비교연구에 사용하고 있습니다.

그렇게 해서 피케티는 간단히 말해, 종래의 연구자들이 예를 들어 상위 10퍼센트의 동향에 주목해 '소득격차 확대의 주요원인은 대기업 최고경영자의 보수에서 나타나는 것처럼 노동소득의 확대다'라고 주장한 내용을 '상위 1퍼센트에 주목하면, 자산소득 점유율의 급격한 확대는 눈이 휘둥그레질 정도다'라고 지적했습니다.

둘째로 인적자본에 주목하는 조류는 대체적으로 '쿠즈네츠 곡선'적인 역사관에 친화적이었습니다. '시장경제체제 그 자체는 격차를 확대하거나 축소한다고 일률적으로 말할 수 없다. 상황(외적 환경, 생산기술, 경제사회의 제도적인 틀)에 따라서 다양한 가능성이 존재한다'는 것이 최대공약수에 해당하는 주장입니다. 쿠즈네츠 곡선을 일탈한 것처럼 보이는 20세기 말 이후에 나타난 격차 확대에 대한 주목도 보다 근본적인 고찰, 즉 쿠즈네츠가 지적한 동향에 대한 대대적인 재검토로는 이어지지 못했습니다.

반면, 피케티는 쿠즈네츠 곡선 그 자체에 대한 대대적인 재검토에 착수했습니다. 그는 현상으로서의 '쿠즈네츠 곡선'은 부정하지 않지만, 일관된 경제체제와 생산기술의 발전 경향 등이 그 배후에 존재한다고는 생각하지 않습니다. 굳이 말하자면 피케티는 시장경제 자체는 격차를 온존 또는 확대하는 경향이 있다고 생각합니다.

'쿠즈네츠 곡선'도 시사하고 있는, 20세기 중반에 나타난 선진국들의 격차 축소 경향에 대해서 '불평등 르네상스'의 많은 논자들은 인적자본의 동향을 중요하게 여깁니다. 앞에서 살펴본 것처럼, 그들의 상당수는 20세기 말 이후에 임금격차가 확대된 원인을 주로 인적투자의 격차에서 찾고 있습니다. 구체적으로 정보통신혁명이 대졸자와 고졸자(이하)의 임금격차를 확대하고 있다고 주장합니다. 다른 요인들이 전부 동일한 경우에 노동력을 포함해 어떤 특정 상품의 공급을 확대한다면 결국 그 상품의 가격은 떨어질 것입니다. 그런 식으로 생각하면, 20세기 후반이 되면 대졸자가 고졸자보다 임금에서 우위를 차지하는 비율도 줄어들 것입니다. 실제로도 그런 사례가 일부 관찰되고 있습니다. 그러나 1980년대 이후, 더 정확히는 1990년대 이후부터는 아무래도 8장에서 설명한 '응용기술'로서의 개인용 컴퓨터와 인터넷 사용기술의 유무가 상당한 수준의 임금격차로 이어지고 있습니다. 적어도 최근 20~30년 사이에는 정보통신기술에 대한 수요가 대졸자에 대한 수요를 낳은 것은 물론이고, 그렇게 증가한 대졸자의 공급이 당장은 임금을 인하하지 않고도 정보통신기술혁신과 경영전체로 침투하고, 나아가 그 과정에서 정보통신기술에 적응한 인재에 대한 수요가 더 발생하는 선순환이 이어지고 있습니다(이것을 '기술편향형 기술변화(skill biased techn(olog)ical change)'라고 부릅니다).

이런 현상을 어떻게 해석해야 하는지에 대해서는 물론 다양한 관점이 있지만, '응용기술'에 대한 주목에서도 알 수 있듯이 인적투자의 집약화 현상으로 이해되기도 합니다. 다시 말해 정보통신혁명에서 나타나는 임금격차는 주로 인적투자의 외부성, 스필오버 효과가 가져오는 '무임승차' 현상의 부작용이며, 반면에 적절한 공공정책의 투입을 통해서 격차 축소와 성장률 향상을 모두 손에 넣을 수 있는 기회이기도 하다는 해석입니다.

이런 유형의 대표적인 예가 앞에서 소개한 1993년 갈로아와 제이라 논문의 공동저자인 오뎃 갈로아가 진행하고 있는 일련의 연구입니다. 갈로아는 본인이 '성장의 통일이론unified growth theory'이라고 이름붙인 프로젝트에 참여하고 있는데, 그 연구는 다소 시대착오적이게도 유사이래의(!) 경제발전에 대한 이론 모형을 구축하고 있습니다.

갈로아는 경제역사상의 큰 전환기로서 산업혁명과 인구전환(다산다사(多産多死) 형태에서 소산소사(小産小死) 형태로의 변화)을 일체적으로 파악합니다. 그 이전의 경제사회는 맬서스의 인구론이 상정하는 체제 속에 갇혀 있었습니다. 새로운 자원이나 신기술 개발 등의 생산성 향상 성과의 대부분이 인구증가로 흡수되어, 1인당 생활수준의 향상이나 계속적인 기술혁신으로 이어지지 않는 상황이 유사이래 이어져왔습니다. 이것을 흔히 '맬서스의 덫'이라고 부릅니다. 그러나 18세기부터 19세기의 유럽에서는 생산성 향상이 생활수준의 향상과 교육(인적투자)을 포함한 계속적인 생산성 향상으로 전용되기 시작했다고 주장합니다. 여기까지가 갈로아 연구계획의 제1단계입니다. 제2단계는 본격적인 산업화 개시 이후의 변화에 대한 것입니다. 갈로아는 생산수단과 부를 투자에 의해서 그 가치를 늘릴 수 없는 '토지', 투자에 의해서 축적할 수 있지만 외부효과가 없는 '물적자본' 그리고 투자에 의해서 축적할 수 있으며 외부효과가 있는 '인적자본'의 세 가지로 분류합니다. 그리고 경제발전의 과정 속에서 성장의 주역이 초기의 토지에서 물적자본, 이어서 인적자본으로 이동해가고, 동시에 소득과 부의 분배도 균등화된다는 극히 마셜적인 전망을 그리고 있습니다.

그러나 갈로아의 연구는 진행단계입니다. 제1단계는 어느 정도 정리된 상태지만, 제2단계는 아직 조잡합니다. '물적자본에서 인적자본으로'라는 전망도 '생산과 성장의 관점에서 봤을 때 그것이 합리적이다(그렇게 되어야 한다)'라고는 할 수 있지만, '실제로 현실에서 그렇게 진행되는 중이다'라는 논증에는 성공하지 못했습니다.

피케티는 과거 1990년대에는 이러한 동향에 직접 참여했지만, 21세기에는 확실히 거리를 두고 있습니다. 피케티는 20세기 중반에 나타난 소득격차 축소가 성장에서 인적자본의 비중이 확대된 성과라고는 생각하지 않습니다. 오히려 순수한 정치적 역학의 결과라고 생각합니다. 20세기 전반에 일어난 두 번의 세계대전과 세계대전 사이의 장기불황이 노동자대중의 전시동원과 전쟁협력에 대한 대가로서, 또는 불황과 전후부흥의 일환으로서 본격적인 복지국가 〔피케티는 '사회국가(social state)'라고 부르고 있습니다. 이것은 영어권에서 일반적으로 사용되는 용어도 프랑스어권의 표현도 아닙니다. 굳이 말하자면 독일어권에서 사용되는 용어입니다) 체제를 서방선진국들에 실현시켰습니다. 빈곤자를 대상으로 하는 생활부조는 물론이고 국민전체를 대상으로 하는 공적의료보험과 노령연금이 제도적으로는 제1차 세계대전 종료부터 전쟁 중에, 실체적으로도 제2차 세계대전 이후의 고도성장 기간 중에 확립됩니다. 노동자의 완전고용을 목표로 실업보험제도나 직업소개행정 나아가 실업대책사업도 발전합니다. 초등중등교육의 의무화와 무상화뿐만 아니라 고등교육에 대한 공적 지원도 이 범주에 넣어 생각할 수 있습니다(제2차 세계대전 이후 미국에서 실시된 귀환병의 대학진학 지원이 좋은 예입니다).

그러나 그보다 중요한 것은 이러한 복지국가적 정책을 지지하는 정치적 의사결정의 중추에 노동조합이나 노동자정당이 공식적으로 편입되기 시작하고, 또한 시민사회의 현장에서도 임금과 노동조건을 둘러싼 교섭담당자로서 노동조합의 공적 지위가 확립된 일입니다. 20세기에 대한 이러한 해석을 보면, 피케티는 신고전파 경제학자보다 오히려 정치학자나 사회학자 또는 일종의 마르크스주의자에 가까운 인식을 가지고 있다고 할 수 있습니다.

그렇다면 20세기 말 이후에 선진국들에서 나타난 국내적 격차의 주요 원인을 피케티가 어떻게 생각하고 있는지도 쉽게 추측할 수 있습니다. 다시 말해 1970년대 이후의 이른바 '복지국가의 위기'와 '신자유주의'적 정책노선의 대두, 그런 상황 속에서 등장한 재정위기와 그에 대한 대응으로서의 긴축적인 거시경제정책, 그리고 국유기업과 공익사업에 대한 민영화와 규제완화를 통해서 노동조합의 영향력이 대폭적으로 줄어든 것이 격차 확대의 주요 원인입니다. 그것은 말하자면 복지국가적인 통제가 풀려서 자본주의적 시장경제의 '나쁜 본성'이 다시 고개를 들었기 때문입니다. '성장의 주역이 인적자본으로 이동했기 때문에 20세기 중반까지는 격차의 축소가 발생했고, 정보통신혁명으로 그 경향이 역전되었다'는 낙관적인 시나리오를 피케티는 확실히 부정하고 있습니다.

인플레이션의 플러스 효과를 중요하게 생각한 피케티

——— 셋째로, 앞에서 설명한 복지국가 역사관과도 관계가 깊은데, 피케티는 20세기 인플레이션의 전개를 대단히 중요하게 생각합니다. 제도적으로는 신고전파의 부흥기인 세기전환기에서 그 단서를 찾을 수 있지만, 현실 정치체제로서 복지국가가 확립된 것은 제2차 세계대전 이후의 일입니다. 또한 훗날 '케인스주의적 복지국가Keynesian welfare state'라는 용어가 경제학은 물론이고 정치학과 사회학의 핵심용어로 정착된 것에서도 잘 알 수 있듯이, 복지국가는 케인스주의자와 불가분의 관계로 여겨져왔습니다. 피케티의 주장

에서 주목해야 할 점은 종래 케인스주의적 복지국가의 '부작용'으로 간주되기 쉬웠던 인플레이션, 정부의 경기부양정책과 적자기조의 재정지출, 또는 노동조합의 임금인상 압력 등의 다양한 요인 때문에 복지국가의 고질병으로 여겨졌으며 실제로 1970년대 재정위기 이후에 신자유주의적 정책의 중심 표적이 되었던 인플레이션을 그다지 부정적으로 보지 않는다는 점입니다. 그렇지만 피케티는 일본의 '잃어버린 20년'에서 아베노믹스의 양적 · 질적인 '이차원 완화'에 이르는 거시경제경책 논쟁, 리먼 사태 이후 미국의 금융완화를 둘러싼 논쟁에 대해서는 그다지 관심을 보이지 않고 있어서, 아직 확실한 의견은 없는 것처럼 보입니다. 이 점에 대해서는 뒤에서 다시 설명하겠습니다. 경기를 둘러싼 정책논쟁과는 무관하게 어디까지나 소득과 부의 장기적인 분배의 역사라는 측면에서, 피케티는 20세기 인플레이션의 전개에 대해서 부정적이지만은 않은 평가를 내리고 있습니다. 구체적으로 인플레이션은 자산가격을 대폭 감가시킴으로써 분배의 불평등을 크게 개선하는 데 기여했다고 평가합니다.

인플레이션은 간단히 말해서, 화폐가 대량으로 공급되어 그 구매력이 떨어지는 것과는 반대로 물가, 각각의 개체가 아니라 거의 모든 것들의 물가가 올라가는 현상입니다. 게다가 단기적인 것이 아니라 적어도 한동안 물가가 계속 올라서 언제 멈출지 모른다는 예상이 사람들 사이에 정착된 상태를 의미합니다.

인플레이션이 만약 엄밀한 의미에서의 전반적인 물가상승이라면, 사물과 사물의 상대가격은 변하지 않기 때문에 실체경제에 있어서는 큰 문제가 아닌 것처럼 보이지만 사실은 그렇지 않습니다. 모든 사물과 돈, 즉 화폐의 교환비율은 변화합니다. 인플레이션이 계속된다면 장기적으로 돈의 가치는 계속 떨어지기 때문에 현금을 계속 끌어안고 있다는 것은 매순간 손해를 본다는 것을 의미합니다. 그래서 인플레이션은 소비든 투자든 구매의욕을 향상시킵니다.

게다가 더욱 중요한 점은 인플레이션이 소득과 부의 재분배효과를 가지고 있다는 점입니다. 즉 인플레이션은 빚, 돈의 대차라는 채권채무관계에서 빚의 실질가치를 상대적으로 감소시켜 채무자의 상환부담을 줄여줍니다. 결국 인플레이션 기간에는 빌려준 쪽(채권자)에게서 빌린 쪽(채무자)으로 소득이전이 발생합니다.

채권자에서 채무자로 소득이 이전된다는 의미는 무엇일까요? 물론 부유한 사람에게서 가난한 사람으로의 단순한 이전이 아닙니다. 간단히 설명하면 위험이 낮은 자산을 보유한 자산가, 전형적인 예로 토지 소유자, 금융자산으로 액면가가 고정된 채권, 특히 국채의 보유자는 손해를 봅니다. 연금생활자나 저축으로 생활하는 은퇴자도 그러하며, 실업 걱정도 없고 급료도 내려가지 않는 안정된 고용노동자(대기업 정규직이나 정규공무원)도 마찬가지입니다.

이에 비해서 이득을 보는 측은 대부분의 채무자입니다. 사채를 발행하거나 그 밖의 수단으로 빚을 내서 사업을 하고 있는 기업도 포함됩니다. 중소영세기업과 농가의 경우도 대개 그렇습니다. 장학금을 상환하고 있는 졸업생도 포함됩니다. 노동자의 경우에도 소유한 집의 대출금이 있다면 이득을 봅니다(물론 대출을 다 갚았거나 집을 부모에게 상속받았다면 손해를 봅니다). 위험자산인 주식을 보유하고 있는 사람의 경우는 판단하기 어렵습니다. 일반적으로 주식의 가치는 물가 그 자체가 아니라 물가에 의해 조정되는 경제 전체의 성장에 대응하기 때문에 일률적으로 판단할 수 없습니다. 그러나 인플레이션인 경우가 채무자에 유리하기 때문에, 다시 말해 돈을 빌리기 쉽기 때문에 굳이 말하자면 투자하기는 확실히 쉬워집니다. 투자가 활발해진다면, 만약 실업자가 존재하는 경우에는 일자리를 얻을 수 있는 기회가 늘어납니다.

간략히 정리하면, 인플레이션 상황에서는 지주와 금리생활자, 은퇴자, 안정고용 노동자는 손해를 봅니다. 그러나 대기업이나 영세자영업 또는 경영자, 장학금이나 그 밖의 대출을 한 사람들은 이득을 봅니다. 안정고용 회사원의 경우라도 주택대출이나 장학금상환의 부담을 짊어지고 있다면, 결과적으로 손해를 볼 수도, 이득을 볼 수도 있습니다. 그리고 무엇보다 실업자와 비정규직 노동자는 취업과 이직의 기회가 증가한다는 점에 있어서는 이득일 것입니다.

여기서는 인플레이션 일반론에 대한 설명은 이 정도로 마무리하겠습니다. 피케티가 주목하고 있는 것은 이러한 일반론보다 20세기 전반이라는 특정한 시대, 세계전쟁과 대불황의 시대입니다. 전쟁수

행과 대불황 대책이라는, 국가의 재정금융에 큰 부담을 준 연속적인 대사건은 국가 그 자체의 양상을 변화시킨—아래로부터의 대중의 정치참여와 정부에 의한 위에서부터의 동원과 통제 모두 현격히 심화되었습니다— 것은 물론이고 시민사회와 민간경제도 강제로 변화시켰습니다. 앞에서 언급한 노동조합의 승인과 체제에 대한 통합은 물론, 비대해진 재정지출과 그것을 뒷받침하기 위한 확장적인 금융정책은 극심한 인플레이션을 초래하고(반면 대불황의 경우는 디플레이션이었습니다), 현금 · 토지 · 국채처럼 과거에는 안정자산이었던 자산의 가치를 한순간에 감소시켰습니다. 피케티에 따르면, 인플레이션으로 인한 자산감가 그리고 눈에 보이지 않는 채무자로의 소득이전이 바로 20세기에 대폭적으로 소득과 부의 격차가 축소된 주요 요인이었습니다.

'$r > g$'은 역사적으로 봤을 때 일반적인 상태다

——— 마지막으로 잘 알려진 'r(이자율)$>g$(성장률)'로 화제가 되었던 일종의 성장염세주의에 대해서 살펴봅시다. 이 부등식은 피케티 본인도 경계하고 있듯이 이론적으로 필연적인 법칙성이 아니라 경험적으로 자주 보이는 경향에 불과합니다. 그러나 조금만 생각해

보면, 충분히 있을 수 있는 상황이라는 것을 금방 알 수 있습니다. 왜냐하면 산업혁명 이전, 지속적 경제성장이 본격적으로 시작되기 이전부터 돈놀이가 있었고, '고리대금' 같은 단어도 옛날부터 존재했기 때문입니다. 다시 말해 제로성장의 세계에서 이미 금리는 일반적으로 플러스였기 때문에, '$r>g$'은 역사적으로 봤을 때 분명히 일반적인 상태입니다.

단지 예외적으로 성장률이 이자율을 비교적 장기간에 걸쳐서 상회한 시대가 20세기였습니다. 그중에서도 두드러지는 사례가 제2차 세계대전 이후 선진국들의 고도성장, 20세기 말 이후 급속한 발전을 이루며 도상국에서 중진국화한 이른바 NIEs(신흥공업경제. 홍콩, 싱가포르, 한국, 대만의 '아시아의 네 마리 용'을 비롯한 태국, 인도네시아, 말레이시아 등), 21세기에는 BRICS(브라질, 러시아, 인도, 중국, 남아프리카)입니다. 이러한 고도성장은 인플레이션과 함께 상대적 격차의 축소, 그리고 물론 그 이상으로 절대적인 의미에서의 빈곤을 극복하는 데 크게 기여했습니다. 그러나 피케티는 이것이 과도적인 현상이라고 말합니다. 제2차 세계대전 이후 전개된 서구와 일본의 고도성장은 전후부흥, 다시 말해 전쟁으로 파괴되기 이전으로 원상복귀시키는 것이 초기 국면의 일부였기 때문에, 당연히 그만큼 빨리 진행됩니다(물재나 인명은 손실되어도 지식과 기술은 손실되지 않습니다). 또한 NIEs 등 후발국에서 특히 중시하는 것은 1980년대 이후에 나타난 국제경제환경 변화(뒤에서 살펴보겠지만 예를 들어 변동상장제로의 이행) 및 사회주의 실추로 인한 경제개방과 통제해제입니다.

많은 도상국들이 1970년대까지는 사회주의의 영향이 농후한 전후초기의 개발사상에 입각하여 비교적 폐쇄적인 자력재생노선을 따라 국가의 강력한 경제통제에 의한 경제개발을 지향했습니다. '개방경제하에서는 선진국의 수입공세나 다국적기업의 진출에 노출되기 때문에 민족자본에 의한 자력의 공업화가 불가능해진다'는 우려를 바탕으로, 수입을 규제하고 자국의 유치산업幼稚産業을 보호육성하여 자급할 수 있게 만드는 '수입대체 공업화' 전략이 영향력을 가지고 있었습니다. 그러나 선진국에서 나타난 '복지국가의 위기', 신자유주의적 규제완화의 진행, 그리고 사회주의 권위실추의 영향을 받아서 '수입대체 공업화' 전략에서 '수출주도 공업화' 전략으로 전환되기 시작합니다. '일국 차원에서 풀세트형 산업구조를 갖춰서 자급 가능한 체제를 만든다'는 내셔널리즘적인 구상은 포기하고, 국제분업의 네트워크 안에서 어떻게든 자리를 찾기('비교우위'의 원리에 따르면, 모든 분야에서 절대적 생산성이 낮은 국가라도 거래상 우위를 확보할 수 있는 부문은 반드시 존재합니다) 위해서 수출산업의 육성을 지향하게 되었습니다. 과거 기피하던 선진국 다국적기업의 진출도 단기적인 고용창출은 물론 장기적인 기술이전(인재나 해당지역의 관련기업 육성 등에 의한)의 이익을 얻기 위해서 적극적으로 받아들이게 됩니다. '수입대체 공업화' 노선이라는 부적절한 정책하에서도 (막대한 초기투자와 외부경제효과가 크다는 등의 이유로) 적어도 초기에는 국가주도가 더 적합합니다. 교육이나 사회간접자본의 정비가 어느 정도 갖춰져 있는 경우에는 이러한 개방경제화는 뜻밖의 효력을 발휘하여 선진국들의 최신기술을 한꺼번에 받아들이는 '후발성의 이익'을 누리면서 단기간에 놀랄 만한 성장을 이루어냅니다.

그러나 전쟁의 피해를 입은 국가의 원상복귀나 도상국의 중진국화, 말하자면 '선진국 수준' 따라잡기가 끝나면 이러한 급성장은 종료됩니다. 일반적으로 이러한 고도성장은 정상상태일 수 없으며, 정상상태에 도달하기까지의 조정기간에 불과하다는 뜻입니다. 때문에 적어도 선진국에서는 이러한 극단적인 고도성장을 기대할 수 없습니다. 일반적으로 생각하면, 앞에서 설명한 '이중구조'가 해소된 경제라면 원칙적으로 전망은 할 수 있습니다. 그러나 그렇게 되면 경제는 '$r>g$'이라는 일반적인 상태로 귀결됩니다.

피케티는 성장의 가능성이나 당위성을 부정하지 않습니다. 오히려 격차 확대를 방지하기 위해서라도 성장이 필요하다는 것이 피케티의 판단입니다. 그러나 21세기 이후 캐치업을 통한 급성장이 가능한 대상은 점점 줄어들고 있고, 일률적인 공업화와 시장경제화에 성공한 국가들에서는 더 이상 '$r>g$'을 초월할 정도의 고도성장을 기대하기 어렵습니다. 세계대전에서 복지국가로의 이행, 전쟁 피해국과 후진국의 급속한 캐치업이라는 두 종류의 큰 파도가 지나가고 나면, '$r>g$'로 상징되는 자본주의 시장경제의 '부정적 본성'으로서의 격차의 온존 및 확대 경향이 전면적으로 나타나게 된다는 뜻입니다.

'$g>r$'인 국면에서는 임금의 상승속도가 충분히 자산소득의 상승속도를 상회할 수 있지만, '$r>g$'의 경우에는 기대할 수 없습니다. 1990년대 '불평등 르네상스'의 이론가들이 전망한 것처럼, 자본소유 자체의 격차가 축소되고 나아가 성장에서 차지하는 인적자본의 기여도가 계속 높아진다면 '$r>g$'이 필연적으로 격차를 강화시키지는 않을 것입니다. 그러나 21세기 피케티의 실증연구는 그 가능성에 대해서 중대한 의문을 제기하고 있습니다.

『21세기 자본』의 네 가지 요점

——— 물론 풍부한 논점을 내포하고 있는 명저 『21세기 자본』의 핵심은 지금까지 설명한 네 가지만으로 정리할 수는 없습니다. 그러나 『21세기 자본』의 적절한 요약은 이미 발표된 대량의 해설서들에 맡기고, 여기서는 어디까지나 이 책의 문제의식이라는 관점에서 『21세기 자본』에서 끌어내야 할 논점으로 다음의 네 가지에 주목하도록 하겠습니다.

첫 번째, 인적자본이 아닌 물적자본(단, 『21세기 자본』은 고전파와 달리 토지와 물적자본을 한데 묶어서 '자본' '자산' '부'로 취급하고 있습니다)에 대한 주목입니다. 피케티는 정책적인 관점에서는 결코 인적자본과 교육을 경시하지 않습니다. 오히려 대단히 중요하게 생각합니다. 그렇지만 그것이 가장 중요하다고는 생각하지 않습니다. 선진국들의 국내격차의 주요 원인은 오히려 물적자본의 분배 방식에 있다고 생각하며, 그에 대한 대책으로 유명한 '글로벌 자산 과세'가 말해주듯이, 분명히 자본소득의 재분배를 중요시하고 있습니다. 피케티는 『21세기 자본』에서 인적투자, 지식과 기능에 대한 투자는 격차를 축소하는 힘으로 평가하고는 있습니다. 그러나 '인적자본'이라는 용어 사용에 대해서는 지식과 기능의 격차를 만들어낼 수 있는 '재산'으로, 또한 물적자본과 대립해 그것을 능가할 수 있을 정도의 힘을 가지고 있다고 과대평가하는 경향이 있다고 비판했습니다.

두 번째, 20세기 '케인스주의적 복지국가'의 전개, 그리고 이른바 '신자유주의' 대두로 인해서 그것이 몰락했다는 현상인식은 뜻밖에도 정치학자나 사회학자(마르크스주의의 영향을 강하게 받은 사람들도 포함)와 일치합니다. 그러나 이 인식과도 관련이 깊은 세 번째 논점, 즉 인플레이션의 재분배효과에 대한 주목 같은 경우에는 경제학자 나름의 착안을 하고 있습니다.

이러한 세 번째 논점에 주목한다면, 1990년대부터 21세기에 걸쳐 피케티가 입장을 전환한 의미도 자연히 알 수 있습니다. 1990년대 수리경제학자였던 시절부터 이어지는 일관적인 특징은 최대한 넓은 의미에서 고전파적 문제의식으로 회귀하는 것, 즉 분배와 생산·성장의 관계를 중심 문제로 삼는다는 점입니다. 또한 분배를 결정하는 요인으로 시장에서의 경쟁뿐 아니라 집권적 국가권력이 시행하는 정책과 그것을 결정하는 정치체제에 관심을 두는 점도 고전파와 마르크스주의가 남긴 유산을 계승하는 부분입니다.

그러나 한편으로 피케티는 수리 모형과 함께, 분배와 성장의 관계에 대한 간단한 전망을 세우는 일은 포기한 것처럼 보입니다. 1990년대에 피케티 자신도 그 소용돌이 안에 자리 잡고 있었던, 이 책에서 말하고 있는 '불평등 르네상스'의 이론가들은 과거 고전파와는 반대로 분배의 평등화는 오히려 성장에 도움이 된다고 주장했습니다. 그렇게 이론적으로 명쾌한 주장을, 2000년대 이후의 통계적 실증 연구자 피케티는 오히려 피하고 있는 것처럼 보입니다. 물론 평등과 성장의 관계에 대해서 이렇게 언급한 사람은 이론가들만이 아닙니다. 실증연구자들도, 최근에는 OECD 같은 국제기관 역시 격차가 성장을 저하한다는 견해에 주목하고 있습니다.

본인도 직접 추진했던 그런 조류 속에서, 피케티는 오히려 금욕적인 편이었습니다. 격차의 요인으로서 인적자본보다 오히려 물적자본의 중요성이 나타나자, 스필오버 효과가 기대되는 인적자본처럼 분배의 평등화가 성장에 공헌한다고 주장할 수 없게 된 것이 하나의 원인이 아닐까 추측됩니다. 물론 앞에서 살펴본 것처럼 피케티도 지식이나 기능의 보급에는 격차를 축소하는 힘이 있다고 보았습니다. 단지 그것이 '인적자본'으로서 (물적)자본분배의 불평등으로 인한 격차를 능가하는 힘을 가지고 있다고는 기대할 수 없다는 의미입니다.

나아가 네 번째 요점 역시 중요한 힌트입니다. 피케티의 이론을 포함해 1990년대에 일정 수준에 도달한 불평등과 성장, 인적자본 재분배에 대한 경제이론은 기본적으로 공급 측면, 실물 측면, 실체경제 이론이었습니다. 경제의 통화적인 측면, 화폐적 측면, 나아가 케인스적인 의미에서의 수요 측면에 대한 분석은 완전히 결여되어 있었습니다. 그렇기 때문에 이들은 불황, 비자발적 실업, 불황과 실업의 격차, 불평등의 관계를 분석할 수 없습니다. 이것은 피케티를 비롯한 불평등 이론에 한정된 이야기가 아닙니다. 내생적 성장모형은 전반적으로 그런 수준에 머물러 있습니다. 내생적 성장 이론은 물론이고 그 모태라고도 할 수 있는 실물적 경기순환 모형까지 포함해서, 오늘날 거시경제학의 이론모형을 '동태확률일반균형 dynamic stochastic general equilibrium; DSGE 모형'이라 부릅니다. 그런데 이 모형에 이론적으로 정합되는 형태로 화폐를 적용시키는 것은 상당히 어려운 일입니다.

DSGE 모형에 의한 거시경제이론은 신자유주의의 정책조류와 인연이 깊은 '합리적 기대형성 혁명'과 함께 시작되었습니다. 하지만 최근, 특히 리먼 사태 이후의 케인스적 세계의 재래와 동시에 '쓸모없다'며 평판이 대단히 나빠졌습니다. '합리적 기대형성 혁명' 이전의 주류파였던 (舊)케인스경제학은 뒤에서 설명하고 있듯이 불황이라는 과제에 직면하면서 그 원인을 화폐, 경제의 화폐적 측면의 독특한 성격에서 찾았습니다. 그러나 경제이론적으로 엄밀한 기초, 다시 말해 일반적인 시장체제와 이익을 추구해서 행동하는 경제주체의 합리적 선택 등의 전제('미시적 기초'라고 부릅니다)로 거슬러 올라가는 설명을 제시하지 못했습니다. 물론 과학에 있어서 이론은 현실을 이해하기 위한 것입니다. 현실과 이론이 일치하지 않는다면 이론을 수정해야 합니다.

그러나 여기서 문제는, 비현실적인 기존의 고전파·신고전파 이론보다 설득력이 있게 보였던 케인스 '이론'은 불황과 화폐 등의 현상을 제외하면 충분히 의미 있고 현실적인 기존의 정통적 경제이론과 잘 연결되지 못한다는 점입니다. 때문에 상식과 논리에 입각한 누구나 사용할 수 있는 도구라기보다 임시방편적인 생각이나 특별한 재능과 경험의 축복을 받은 연구자만 사용할 수 있는 '재주'에 불과하다는 의심을 받고 있습니다. 그렇게 케인스 정책이 유효성을 상실하게 되면, 기존의 경제이론과의 정합성이 있으며 일관적인 '합리적 기대'의 균형론적 거시경제이론이 과학적으로는 생산적이라는 결론이 나버립니다. 때문에 현재 학술적인 경제학자는 케인스적 방향을 취하는 경우에도 '합리적 기대형성 혁명' 이후의 DSGE 틀 안에서 어떻게든 케인스적인 모형을 구축하려고 노력합니다. 이러한 조류는 '뉴 케인지언'이라는 이름으로 불리는데, 아직 발전하고 있는 단계입니다.

직관적으로 말해서, 케인스가 묘사하는 세계는 가격에 의한 수급의 조정이 그다지 원활하게 작용하지는 않습니다. 때문에 시장에서 균형을 달성하는 데 시간이 걸리고, 과도기의 불균형이 오래 계속됩니다. 또한 거래가 항상 원활히 이루어지는 것도 아니기 때문에 거래의 매체로서 화폐가 반드시 필요합니다. 원래는 아무 가치도 없는 기호에 불과한 화폐를 마치 그 자체에 가치가 있는 것처럼 취급하게 되는('유동성 선호'라고 합니다. 마르크스적으로 표현하면 '화폐의 물신숭배(페티시즘)'입니다) 세계이기도 합니다. 철학과 사회학 등에서는 익숙한 주제지만, 이것을 경제주체의 합리적 선택으로 설명하는 것은 제법 어려운 일입니다. 몇 가지 제안은 있지만, 교과서에 정착될 정도의 결정적인 내용은 없는 것 같습니다. 물론 케인스적 상황의 현실성 자체를 부정하는(그래서 이러한 연구방향 자체를 발전도 결실도 없으며 무의미하다고 생각하는) 연구자도 적지 않습니다.

이러한 케인스적인 과제, 다시 말해 인플레이션(이나 디플레이션)과 그에 동반되는 시장경제의 교란, 그리고 화폐의 존재가 거시경제적 현상의 분배에 미치는 영향의 중요성에 대해서는 피케티도 알고 있었습니다. 『21세기 자본』 끝부분의 정책제언에서도 많은 정성을 들여서 주장을 전개합니다. 예를 들어 앞에서 언급한 인플레이션의 재분배효과의 경우에도, 그것이 격차시정은 물론이고 유로 위기 이후 유럽의 중요 과제가 되어버린 공적채무 삭감에서 발휘할 수 있는 효과에 대해서 자신의 주장인 누진적 자본과세와 이해득실을 꼼꼼히 비교하면서 논하고 있습니다. 그러나 아직 본격적인 연구를 시작할 준비도 되어 있지 않기 때문에 엄밀한 이론화를 논할 단계는 더더욱 아닙니다.

현재의(즉 피케티가 주장하는 누진적 자본과세가 아니라 노동소득이나 소비세 중심의) 증세와 지출삭감을 전면적으로 내세우는 긴축재정주의에 대해서는 적극적인 재정정책의 지지자로서 단호히 비판적 의견을 전개하고 있는 피케티도 솔직히 거시 금융정책에 대해서는 불분명한 입장을 취하고 있습니다. 재정에서만큼 단호한 확장주의자가 아니라는 점은 다소 답답한 부분입니다.

또한 『21세기 자본』은 실업에 대해 자주 언급하지만, 불황과 실업 그리고 실업이 격차에 미치는 영향에 대한 주제를 본격적으로 다루지는 않습니다. 불황과 그에 동반되는 실업이야말로 노동자와 실업자의 경계라는 의미에서 보다 심각한 격차 확대 요인이라는 점은 두말할 필요도 없습니다. 노동과 자본 양쪽에 불완전 고용을 초래하고, 사회적 총생산의 저하, 나아가서는 장기적 성장률의 저하로 이어지는 가장 중요한 요인임에도 제외되어 있습니다. 물론 그것은 한때 급진적 이론가였지만 연구를 한층 더 심화하기 위해서 의도적으로 이론을 봉인하고 실증에 특화하고 있는(방향전환을 했지만 의지할 수 있는 이론적 축적이 불충분해서 당분간은 자료를 축적하는 것이 생산적이라고 판단한) 피케티가 연구자로서 자제한 결과일지도 모릅니다.

피케티의 논적들은 '불평등'을 어떻게 생각하는가?

——— 앞에서는 지금까지의 피케티에 대해 간략히 개괄하고 바람직한 향후의 방향성에 대해서 제 나름의, 그리고 어디까지나 『21세기 자본』에 입각한 예상을 세워보았습니다. 책을 마무리 짓는 지금부터는 피케티의 논적들에게 초점을 맞춰서 마찬가지로 불평등에 대한 관심을 공유하고 있는 다른 방향성에 대해서도 생각해보고자 합니다.

먼저 1990년대의 피케티와 현재의 피케티, 인적자본의 스필오버를 중시하는 '불평등 르네상스'의 다수파 그리고 인적자본의 격차 축소 효과에 대한 비관론으로 돌아선 피케티를 조금 색다른 시각에서 비교해봅시다.

1990년대의 수학적 모형이 근거도 결론도 없는 난투극으로 끝나서는 안 된다는 생각에서 피케티는 결국 실증연구로 돌아섰습니다. 물론 피케티의 경쟁자들, 인적자본에 대한 낙관론을 지지하는 사람들도 이론구축에만 만족하지는 않았습니다. 『21세기 자본』에 대한 다양한 비판 중에는 바로 이런 입장에서 인적자본에 관한 실증연구에 입각한 비판도 있었습니다. 2015년 초, 피케티를 주제로 하는 미국경제학회 대회의 세션에 제출된 데이비드 웨일David N. Weil의 보고가 그 일례입니다. 웨일은 성장론 분야에서 유명한 연구자입니다.

그의 저서 『경제성장론Economic Growth』은 여러 나라에서 번역 출간되어 있고, 갈로아와의 공동연구로 '통일이론'의 구축에 참여하고 있습니다. 세션의 좌장을 담당한 그레고리 맨큐Nicholas Gregory Mankiw, 1958~ 등과 함께 국제격차와 그 수렴에 대한 인적자본의 기여에 관한 유명한 실증연구도 하고 있습니다. 이렇게 보면 실증적인 차원에서도 피케티와 인적자본 낙관론의 싸움은 한동안 계속될 것 같습니다.

그 귀추에 대해서는 아직 최종 판단을 내릴 수 없기 때문에 여기에서는 조금 다른 측면에서 두 주장을 비교해 이 책의 결론으로 삼고자 합니다. 그것은 말하자면 이른바 평등주의적 경제학자의 두 진영이 가지고 있는 도덕철학적 태도의 차이입니다.

베나부와 갈로아 등으로 대표되는, 인적자본의 외부성에 기대하면서 '불평등의 축소, 격차의 시정은 성장에 도움이 된다'고 주장하는 입장에 대해서는 그 태도의 도덕철학적인 성격에 대해서도 한마디 언급해둘 필요가 있습니다. 그들의 평등주의는 얼핏 보면 넓은 의미에서의 공리주의utilitarianism나 후생주의welfarism 또는 그에 가까운 입장입니다.

윤리학과 도덕철학으로서의 또는 공공철학과 정의론으로서의 '공리주의'나 '후생주의'는 어떤 것인지에 대해서 간단히 살펴봅시다. 이들은 현실존재로서의 인간을 자신의 이익과 행복을 최대화하기 위해서 살아가는 존재로 가정합니다. 그리고 나아가 인간행위의 도덕적인 당위성은 자신을 포함해 보다 많은 사람의 보다 많은 이익의 증가(제러미 벤담의 표현을 빌리면 '최대다수의 최대행복')에 얼마나 공헌하는지로 측정된다고 주장합니다. 사회적 제도나 정책의 선악에 대한 평가기준도 기본적으로 동일합니다.

이때 사람들의 이익이나 행복은 동일한 보편적 척도로 평가하고 비교할 수 있고, 그렇기 때문에 집계해서 '사회전체의 이익과 행복'을 도출할 수도 있습니다. 이렇게 주장하는 것이 본래의 '공리주의'입니다. 그에 비해서 많은 신고전파 경제학자들은 개인 간의 행복을 비교하거나 집계할 수 있다는 가능성에 대해 회의적이기 때문에 좁은 의미에서는 공리주의자라고 할 수 없습니다. 그러나 그들은 대부분 경제적 행위의 평가는 기본적으로 그것이 창출하는 이익과 인간의 행복(효용)에 의해 측정된다고 생각합니다. 이러한 입장을 '후생주의'라고 부릅니다.

베나부와 갈로아로 대표되는 입장은 '소득이나 부에 대한 분배의 평등화는 자원의 효율적인 활용, 사회적 총생산의 최대화 그리고 보다 높은 성장에 공헌하기 때문에 기본적으로 바람직하며 지향할 가치가 있다'는 주장을 간단히 전개할 수 있습니다. 다시 말해 그것은 항상 평등 자체를 지향하는 것이 아니라 그 밖의 목표, 여기서는 생산의 최대화(공리주의는 사회전체의 행복과 효용의 극대화)에 대한 수단으로 취급하는 입장입니다. 이렇게 설명하면 그것은 얼핏 평등을 그다지 존중하지 않는 입장처럼 보일 수도 있지만 실제로는 정반대는 아니더라도 조금 다릅니다. 평등 자체가 가치 있는 목표라고 정의해도 딱히 상관없습니다. 그러나 그와 동시에 평등의 추구가 다른 가치(예를 들면, 생산 그리고 나아가 행복의 최대화)에 공헌하는 부차적인 효과를 가지고 있다고 가정하면, 사람들에게 평등을 추구하는 의미에 대해서 설명할 때 보다 설득력이 커집니다. 베나부와 갈로아, 또는 웨일이 적극적인 의미에서 공리주의자와 후생주의자 중 어느 쪽인지는 알 수 없습니다. 그러나 적어도 그들은 공리주의자와 후생주의자를 적으로 돌리지 않는 주장을 펼치고 있습니다. 그들은 정책론적으로는 평등주의자입니다만, 사실 평등 자체의 가치에 대해 명확히 논하지도 않는 데다가 논할 필요가 없다는 태도를 취합니다. 그런 의미에서 그들은 '루소 대 스미스' 이후의 대결구도 속에서는 실은 스미스에 가까운 입장이라고도 할 수 있습니다.

'평등'에 대한 피케티의 태도는 흔들리고 있다?

——— 이에 비해 피케티가 얼마나 진지하게 생각하고 있는지는 알 수 없지만, 공리주의를 비판하는 주장을 전개한 것으로 유명한 『정의론』의 존 롤스와 좀더 심화된 형태로 롤스를 계승하고 있는 노벨경제학상 수상자 아마르티아 센Amartya Kumar Sen, 1933~의 이름을 『21세기 자본』 끝부분에서 언급하고 있습니다.

롤스는 공리주의가 가지고 있는 개인 간의 효용비교와 집계에 대한 낙관주의를 비판한 것은 물론, 개인의 행위나 사회 제도·정책의 도덕적 평가에 있어서도 공리주의와 효용주의와는 다소 거리를 두었습니다. 칸트의 영향을 받은 롤스는 도덕 평가의 기준을 '행위나 정책이 결과적으로 사람들의 행복에 얼마나 공헌했는가?' 이전의 '그것이 사람들의 기본적인 권리를 그리고 권리주체로서의 인격적인 존엄성을 침범했는가?'에 두고 있습니다. 그렇기 때문에 공리주의는 개별적인 행동이나 정책과 그 효과에 중점을 두는 데 비해서 롤스(그리고 롤스가 이해하는 칸트주의)는 모든 행위를 규제하는 보다 일반적인 원칙, 개별적인 행위나 정책을 규제하는 일반적인 규칙으로서의 법과 정치원리에 초점을 맞춥니다. 그리고 롤스는 모든 사람들이 인격(=권리주의)으로서의 존엄성을 갖는 삶을 살 수 있도록 법제도뿐 아니라 경제적으로도 최소한의 (그리고 가능하다면 그 이상의) 생활수준을 보장할 필요가 있다고 주장합니다. 센 역시 경제학자이지만 후생주의 방향과는 조금 거리를 두고, 롤스의 권리개념을 조금 더 제도적 그리고 정치적으로 구체화하는 시도를 하고 있다고 할 수 있습니다.

『21세기 자본』의 논조를 보면, 피케티는 굳이 말하자면 공리주의나 후생주의보다 롤스나 센의 권리중시적인 입장에 공감하는 것처럼 보입니다. 그러나 피케티는 예를 들어 인적자본의 격차 축소 효과에 대한 비관론으로 돌아서기도 했기 때문에, '평등을 추구해야 하는 이유는 무엇인가?' '평등을 추구하면 어떤 장점이 있고, 그것을 경시하면 어떤 단점이 있는가?' 등의 논의는 충분히 심화하지 않고 있습니다. 가령 롤스나 센에게 전면적으로 의존하고 있다고 해도 『21세기 자본』의 서술만으로는 그가 롤스나 센을 어떻게 받아들이고 이해하고 있는지에 대해서는 유감스럽게도 제대로 알 수 없습니다.

롤스 이후, 철학계에서는 평등주의를 부정하기 위해서가 아니라 평등주의의 본래의 뜻과 취지를 확인한다는 문제의식을 바탕으로 평등주의 비판이 활발히 이루어지고 있습니다. 예를 들어 이 책의 첫머리에서도 언급한 '수준 저하의 이의'는 어쩌면 스미스의 루소 비판이 암시하고 있었을 수도 있지만, 평등을 자기목적화하는 것이 초래할 수 있는 도착倒錯을 날카롭게 지적하고 있습니다. 오늘날 가장 유명하고 훌륭한 공리주의 철학자로 알려진 데렉 파피트 Derek Parfit, 1942~2017는 '평등 자체는 추구할 가치가 있는 목적이 아니다. 평등의 추구를 통해서 거의 필연적으로 약자가 구제되기 때문에 추구할 가치가 있는 것이다. 중요한 것은 인간 사이의 평등 추구보다 약자의 우선이다'라는 문제를 제기(우선주의(prioritarianism)라고 불립니다)했습니다. 또한 해리 프랑크퍼트 Harry G. Frankfurt, 1929~ 등은 '롤스가 주장하는 권리보장은 평등주의라기보다 최저수준의 보장이며, 그것으로 충분하다. 그럼에도 계속 평등을 추구할 가치가 있다고 주장한다면, 그것은 단지 최저수준의 보장에 도움이 되기 때문이지 않을까?'라는 '충분주의sufficientism'의 이론을 제창했습니다.

롤스에서 센에 이르기까지, 평등주의를 둘러싼 철학적 논쟁은 '무엇에 대한 평등인가? 무엇을 평등하게 보장하는가?'를 중심으로 이루어졌습니다. 그러나 최근에는 '대체 무엇을 위한 평등인가? 평등을 추구함으로써 우리가 지켜온 것은 대체 무엇이었나?'가 뜨거운 논점이 되고 있습니다. 그러한 논쟁 현황을 감안했을 때 저는 의외로 포용력 있고 강건한 주장은 갈로아와 베나부의 입장이며, 피케티의 주장은 기반이 살짝 흔들리고 있지 않나 생각합니다.

여기서 상상의 나래를 펼쳐보면, 피케티는 '루소 대 스미스'의 구도 속에서 루소 편에 서고자 하는지도 모릅니다. 다시 말해 피케티는 불평등으로 인해서 손상되는 것은 가난한 사람들의 사적인 행복보다 공적인 정치참여의 기회이며, 그것을 보장하기 위해서는 최하층 생활수준의 향상이라는 단순한 방법보다 권리보장이 중요하다고 주장하고 있는지도 모릅니다. 그러나 이 부분에서 피케티의 주장은 다소 흔들리고 있습니다. 때때로 '문제는 불평등의 축소 그 자체가 아니라, 권리의 보편적인 보장이다'라고 말하고 있기 때문입니다. 결국 피케티는 '그렇다면 문제로 삼아야 할 것은 상류층을 향한 부의 집중 그 자체가 아니라 하층빈민이다. 하층계급의 최저수준을 끌어올릴 수 있다면, 상류층보다 중류층에서 재원을 넓게 충당할 수도 있지 않는가?'라는 반론에 제대로 대답할 수 없습니다.

우리가 상정하고 있는 지속적으로 성장하는 시장경제는 제로섬 상황에서는 존재하지 않기 때문에, 장기적으로 생각하면 상류층이 풍요로워지기 위해서 하층계급의 풍요로움을 희생할 필요는 없습니다. 그러나 국내정치에서는 공적인 정치참여의 기회나 영향력 행사의 정도에 있어서는 경우에 따라 제로섬 상황, 상류층의 영향력 확대가 하층의 그것을 잠식해버리는 일도 있습니다(물론 반대의 경우도 있을 수 있습니다만). 이렇게 협의의 정치 영역을 계속 파고들다 보면 공리주의와 우선주의, 충분주의의 발상에 대해서 강력하게 평등주의를 옹호할 수 있을지도 모릅니다. 그러나 피케티는 아직 그 정도까지 이론을 전개하지는 못 하고 있습니다.

피케티가 언급하지 않은 격차 문제

——— 한 가지 더, 기본적으로는 피케티의 '사정거리 밖'에 위치하는 격차와 불평등 문제인 국제적인 격차에 대해 설명을 조금 덧붙이고자 합니다. 선진국들, 다시 말해 시장경제를 충분히 발달시키고 공업화를 이룩한 국가들의 국내적 불평등이 『21세기 자본』 그리고 1990년대 이론적 작업에 있어 피케티의 기본적인 주제입니다. 국제적인 국가 간 격차에 대해서는 적절한 분석이 이루어졌다고 말하기 어렵습니다. 굳이 꼽는다면 앞에서도 시사했듯이 급속한

성장에 의한 캐치업, 격차의 수렴에 대한 부분이 그에 해당한다고 말할 수 있습니다.

그러나 국제적인 격차, 다시 말해 선진국과 도상국 사이의 격차에서 설명이 필요한 부분이 무엇인지에 대해서는 생각해볼 필요가 있습니다. 굳이 단적으로 말하면 '성장이 발생하는 것은 당연하며, 발생하지 않는다면 무엇이 그것을 방해하는지 밝혀야 한다'고 생각하는지, 또는 '성장이 발생하지 않는 것은 당연하며, 발생했다면 무엇이 그것을 발생시켰는지 밝혀야 한다'고 생각하는지라는 대조적인 방향에서 접근할 수 있습니다. 경제학에서는 일반적으로 인간이 '호모 에코노믹스'라고도 불리는 이기적이고 합리적인 주체성을 가지고 있다는 전제를 내세웁니다. 따라서 아무래도 '성장하는 것이 당연하다'고 생각하기 쉽습니다. 그러나 특히 시어도어 슐츠에 의한 도상국 소농에 대한 연구 이후, '이익 지향의 합리적인 경제인이라도 주위의 환경에 따라서는 성장으로 이어지는 투자나 경영확대 등을 지향하지 않고 보수적이 된다. 또는 직접 생산하기보다 서로의 것을 빼앗는 것을 지향할 수도 있다'는 이해가 정착되었습니다. 생각해보면 이러한 인식은 그야말로 홉스의 『리바이어던』 이후로 내려오는 고전적인 이해입니다.

문제는 여기서 말하는 '주위의 환경'이 대체 무엇인가 하는 점입니다. 앞에서 살펴본 갈로아의 '성장의 통일이론'에서는 '맬서스의 덫'에 사로잡힌 다산다사에서 인구전환과 산업혁명을 거친 소산소

사로의 전환을 일으키는 것은 주로 기술적 요인으로, 생산성이 특정 임계를 넘어가는지 넘어가지 않는지에 따라서 양상이 완전히 달라진다는 주장이 성립되었습니다.

비슷한 주장으로 '이중구조'론의 계보를 잇고 있다고도 할 수 있는, 인도 경제학자 무케쉬 에스와란Mukesh Eswaran과 아쇼크 코트왈Ashok Kotwal이 발표한 논문이 있습니다. 농촌의 빈곤이 선진공업지역을 포함한 도상국 경제전체의 발목을 잡는 구조에 대한 분석이 흥미롭습니다(에스와란 · 코트왈, 『왜 인도의 빈곤은 지속되는가?(Why Poverty Persists in India)』, 1994). 그들의 연구에 따르면, 노동자의 임금은 농촌에 있든 도시에 있든, 농업이든 공업이든, 시장이 충분히 효율적이라면 결국 최저수준으로 내려갑니다. 때문에 농촌 빈농의 생산력이 아직 절대적으로 낮은 상태에서는 도시지역이나 선진공업지역 노동자의 임금도 올라가지 않고, 선진공업이 올리는 이익도 전부 자본가에게 흡수되어 격차도 개선되지 않습니다. 국민경제의 전체적인 생활수준이 향상되기 위해서는 먼저 최하층인 농촌지역의 절대적인 생산력 증대가 필요합니다. 농촌빈곤층의 소득과 구매력이 향상되어 식량뿐 아니라 공업제품의 수요가 발생해야만, 공업지역의 생산성 향상이 농촌지역과 노동자의 생활수준 개선으로 이어질 수 있다는 뜻입니다. 이것은 도상국과 선진국 사이의 격차와 동시에 도상국 내부에서의 격차, 게다가 피케티가 분석하고 있는 유형과도 다른 유형의 격차 분석이라는 점에 주의해주십시오.

또한 성장에 대한 장벽으로 생산기술보다 오히려 '제도'에 주목하는 논자도 많습니다. 여기에서 말하는 '제도'는 주로 소유권을 중심으로 이루어지는 '법의 지배'—재산권을 둘러싼 법체계가 존재하고, 사람들이 그것을 확실히 지키게 만드는 통치기구가 존재하는 상황—입니다. 이 '제도'에 착목한 유형의 주장도 물론 그 원점은 홉스에 두고 있습니다. 루소의 『인간 불평등 기원론』과 『사회계약론』 역시 그 계보를 잇고 있습니다.

현대의 정치경제학과 수리정치학에서 이러한 접근방식을 취하는 대표선수가 바로 '기능편향적 기술변화'의 이론가입니다. 인적자본의 외부경제성에 대한 논문도 발표한 대런 애쓰모글루Daron Acemoglu와 제임스 A. 로빈슨James A. Robinson이 공동저술한 『국가는 왜 실패하는가?Why Nations Fail: The Origins of Power, Prosperity and Poverty』는 각국에서 번역 출간되었습니다. 애쓰모글루과 로빈슨은 많은 도상국이 성장하지 못하고 있는 주요 원인을 '법의 지배'적인 의미의 제도가 확립되지 않은 데서 찾고 있습니다.

통일적 통치권력이 확립되지 않은 무정부상태(홉스가 말하는 '자연상태'), 또는 집권적 통치주체가 존재하더라도 통치자가 사리사욕을 위해서 자의적으로 전제지배해서 '법의 지배'가 결여되어 있는 상태에서는 사람들은 안심하고 일하고 저축(≒투자)할 수 없습니다. 부지런히 일해봤자 언제 무법자나 독재자에게 빼앗길지 모르기 때문입니다.

'법의 지배'를 확립하는 것이 독재자에게 반드시 불리하다고도 할 수 없습니다. 독재자의 주 수익원이 피지배자 민중에게서 거둬들이는 세수입인 경우에는 옭아매서 세율을 올리고 무조건 착취해서 세수입을 올리는 것만이 능사는 아닙니다. 적당히 풀어줘서 민중의 노동의욕을 해방시키고 절대적인 생산고를 올라가게 만든다면, 세율을 올리지 않아도 세수입의 절대액을 올릴 수 있습니다.

애쓰모글루과 로빈슨은 게임이론을 사용해서 어떤 경우에 독재자나 지배계급이 착취에 전념하고, 어떤 경우에 개방적 정책에 나서는지를 밝히려고 합니다. 간단히 설명하면, 독재자는 만약 어떤 정책을 통해서 세수입을 증가시킬 수 있더라도, 민중의 수입이 증가해서 생활수준이 올라가서 결과적으로 민중이 힘을 얻어 혁명을 일으킬 위험이 증가하는 경우에는 개방적 정책을 피하는 경향이 있다는 내용입니다. 그 밖에도 독재자와 지배층의 수입원이 피지배층에서 거둬들이는 세수입은 물론 본인의 재산을 소유하고 있어서 그곳에서 얻어지는 수입도 중요한 경우는, 세수입을 늘리기 위해서보다 민중의 힘을 억압하기 위해서 중세정책을 사용할 가능성이 증가합니다.

지배자와 민중 사이의 이러한 상호불신의 균형에서 벗어나 '법의 지배'하에서 지속적인 성장을 달성하기 위해서는, 궁극적으로는 통치권력이 특정한 누군가의 사유재산이 아니라 중립적인 '기관'이 되는(권력자가 권력의 소유자가 아니라 권력기구의 직무를 담당하는 '기관'이 되는)

것, 한마디로 말하자면 '시민혁명'을 달성하는 것이 바람직하지만 이것은 현실적으로 상당히 어려운 일입니다. 피지배자에 의한 봉기가 성공해서 독재자를 타도하고 추방하는 데 성공했다 하더라도, 새롭게 권력의 자리에 오른 사람이 권력을 사유화해버리면 결국 마찬가지이기 때문입니다.

애쓰모글루과 로빈슨의 이러한 작업은 경제적인 부의 격차에 대한 분석임과 동시에, 더 나아가 정치적 권력의 격차에 대한 분석입니다. 시장경제가 확립된 이후의 분배와 불평등이 아니라, 시장경제는 물론이고 그 전제가 되는 사유재산제도도 확립되지 않은 상황에서의 격차를 주제로 삼고 있습니다. 그런 의미에서 이들의 연구 자체는 딱히 피케티와 충돌하지 않습니다. 한마디로 전혀 다른 연구입니다. 서로 관련이 없다는 결론을 내리거나 각각의 연구를 진행하면서 필요에 따라 더 큰 전망을 얻고자 하는 경우에는 서로 보완한다고 생각하면 아무 문제도 없습니다. 그런데 애쓰모글루와 로빈슨은 '$r>g$은 결코 일반법칙이 아니다'라면서 피케티가 말하지도 않은 사실에 대해(피케티는 '이것은 이론적 법칙성의 주장이 아니다'라고 여러 차례 반복해서 언급했으며, 애초에 그런 성질의 연구 자체에서 손을 뗐습니다) 비판하고 있어 그 의중을 잘 모르겠습니다.

피케티가 『21세기 자본』에서 그들의 연구에 대해 논평하고 있기는 합니다. 그러나 그것은 정작 『국가는 왜 실패하는가?』와는 다른 연구입니다. 피케티가 비판적으로 논평한 애쓰모글루의 논문은 앵

글로색슨형 자본주의가 유럽대륙형과 북유럽형보다 기술혁신력이 높다고 주장한 논문이었습니다. 그러나 이것도 가볍게 언급한 정도이지 본격적으로 비판하지는 않았습니다. 혹시 이 비판에 대한 반격이라고 하더라도 '엉뚱한 곳에 화풀이를 하는' 어리석은 행동일 것입니다.

개괄적으로 요약하면, 20세기 말 1980년대부터 1990년대 무렵에는 빈곤과 격차라고 하면 국제적인 남북격차 문제를 의미했습니다. 선진국 국내의 빈곤과 격차는 존재하기는 하지만 어디까지나 소수 사람들의 문제라는 시각이 지배적이었습니다. 굳이 부정적으로 말한다면, 애쓰모글루와 로빈슨의 주장에서도 그런 풍조의 영향을 찾을 수 있습니다. 그에 비해서 피케티의 주장은 선진국 국내, 다시 말해 근대적인 법과 지배 그리고 시장경제가 확립된 세계의 대중적 빈곤과 격차가 새롭게 빛을 보게 만드는 데 결정적인 역할을 했습니다. 그것 역시 시대의 큰 흐름을 따른 결과였습니다.

경제학자들과 불평등의 싸움은 계속된다

——— 불평등을 둘러싼 경제학의 흐름을 고려할 때 『21세기 자본』에서 주목해야 할 요점은 다음과 같습니다.

1. 자유로운 시장경제가 침투해 지속적인 기술혁명과 경제성장이 일반화된 선진국에서 나타나는 경제적 불평등에 주목했다.

가장 먼저 주의를 끄는 내용입니다. 그런데 이러한 문제의식 자체는 결코 피케티의 독자적인 발상이 아닙니다. 피케티의 특징은 다음과 같은 점에서 찾을 수 있습니다.

2. 선진국 국내의 격차에 주목한 많은 경제학자들은 자본소득보다는 노동소득, 물적자본보다는 인적자본에 주목했지만, 피케티는 오히려 물적자본에 주목했다(이에 그치지 않고 인적자본이라는 개념 자체의 유용성에도 의문을 제기했다).

이것은 신고전파적 발상에서 고전파·마르크스로의 회귀라고도 볼 수 있습니다.

그러나 한편으로 피케티가 과거에는 그 흐름에 동참했지만 지금은 거리를 두고 있는, 인적자본을 중시하는 불평등론자도 어떤 의미에서는 신고전파의 상식을 깨고 고전파적인 문제의식으로 회귀했다고 할 수 있습니다. 왜냐하면 내생적 성장론의 틀에 입각해서 그 원동력을 스필오버 효과를 동반하는 인적자본(지식과 기능)에서 찾고 있으며, 그러한 인적자본의 분배가 생산과 성장에 영향을 미친다고 주장하기 때문입니다. 경제에서의 분배문제와 생산(그리고 성장) 문제를 분리하는 것이 신고전파적인 전통의 대세였다면, 이것은 대세로부터의 이탈입니다. 물론 과거의 고전파도 분배와 생산·성장 사이의 관계에 큰 관심을 가지고 '불평등한 쪽이(투자 주체인 자본가에게 부가 집중된 쪽이) 생산은 증가하고 성장한다'고 생각하곤 했습니다. 이에 비해 20세기 말 '불평등 르네상스'의 이론가들은 반대로 '적어도 인적자본이 주체인 경제에서는, 아니 인적자본뿐 아니라 물적자본에서도 투자의 스필오버 효과가 높은 경우에는 평등한 쪽이 생산이 증가하고 고성장을 이룰 수 있다'고 주장합니다.

이런 흐름을 염두에 두고 생각해보면, 1990년대에는 인적자본의 외부효과에 대한 이론적인 논문을 쓰다가 결국 통계적 실증으로 방향을 돌려 격차에 있어서 물적자본의 중요성을 강조하게 된 피케티는 대단히 흥미로운 존재입니다. 베나부와 갈로아 등의 인적자본

낙관론자들이 고전파 경제학과 동일한 축을 유지하면서 반대 방향으로 나아갔다면, 피케티는 오히려 고전파와 동일한 방향으로 나아가고 있습니다. 더욱 고전파, 특히 마르크스에 가깝다고 볼 수 있습니다. 그러나 격차 없이는 성장할 수 없는 제도인 자본주의 시장경제를 그런 이유에서 부정했던 마르크스와는 달리, 사회주의가 붕괴된 이후의 시대를 살아가는 경제학자 피케티는 자본주의 시장경제를 비판할 수는 있어도 부정할 수는 없었습니다.

인적자본 낙관론자는 '시장의 실패'로서의 인적자본 스필오버 효과를 시장으로 내부화하기보다 오히려 재분배정책을 통해 대처함으로써 자본주의의 고질병으로 간주되는 불평등을 줄이면서 동시에 추가적으로 성장하는 일거양득을 추구합니다(환경정책의 경우를 빗대어보면 '오염의 권리'에 일일이 가격을 매겨서 사고 팔게 만드는 '배출권 거래'보다 정부가 오염시킨 당사자에게 직접 과세해서 오염비용을 부담하게 하는 '탄소세'를 택하는 경우라고 할 수 있을까요?). 그러나 피케티는 그러한 전망에 대해서는 낙관적이지 않은 것 같습니다.

『21세기 자본』의 피케티는 결코 내생적 성장론을 버리지 않았습니다. 그에 대한 지식, 기능, 교육의 효과를 낮게 평가하고 있지도 않습니다. 충실한 공교육도 복지국가(사회국가)의 사명으로 중시하고 있습니다. 그러나 피케티는 재분배정책을 통한 격차시정 자체는 목표로서 중요하게 생각하지만, 인적자본 낙관론처럼 '평등화를 통해 성장을!'이라는 낙관적인 전망으로 직결시키지는 않습니다.

평등화를 위해서는 인적자본 이상으로 물적자본의 재분배가 중요한 열쇠라는 시점에서 자본도피를 방지하기 위해 자산소득에 대한 강력한 과세를 국제협조하에서 전개할 것을 제창한 것도 그런 이유 때문입니다. 그는 성장을 손상시키지 않고는 격차의 시정과 평등화는 불가능하다고 생각하지 않습니다. 그러나 '평등화와 성장의 양립은 가능하다'고 경솔하게 판단할 생각도 없어 보입니다. 그리고 아마도 '어느 정도의 평등화는 성장을 희생해서라도 추구해야 할 목표다'라고 생각하고 있을 것입니다. 그렇지만 그것을 설득력 있게 주장할 준비는 아직 부족한 상태입니다.

결국 피케티의 연구가 갖는 의의를 이해하기 위해서도, 그 한계를 명확히 확정하고 상호보완적인 다양한 연구조류에 대해서 알아둘 필요가 있습니다. 이 책에서는 경제학 이전의 정치사상에서 시작해서 현대의 경제학까지, 불평등 분석을 주로 그 이론적인 면에 초점을 맞춰서 개관했습니다. 피케티도 어디까지나 그런 역사의 흐름 속에서 파악해야 할 존재입니다. 피케티 본인도 넓은 역사적 시야를 가지고 경제적 불평등을 연구해온 것처럼, 이 책을 읽는 독자들도 역사적 의의를 고려하면서 피케티 연구를 이해하는 것이 바람직합니다. 이 책이 그에 작은 보탬이 되었으면 합니다.

지은이 후기

——— 토마 피케티의 지인도 아니고 불평등 연구자도 아닌 나에게 너무나도 많은 사람들이 『21세기 자본』에 대한 의견을 구하러 와서 당황스러웠던 2015년 1월 말, 문예신서文春新書 편집부로부터 '피케티를 단서로 조금 폭넓은 이야기를 부탁한다'는 메일이 왔다. '그렇다면 나도 늦게나마 시류에 편승한 책이라도 한 권 써볼까?'하는 시커먼 마음에서 약 4개월의 강행군으로 정리한 뒤에, 전문적인 부분을 검토하고 수정한 것이 이 책이다.

의욕이 앞선 강행군이었기에 더더욱 상응하는 기반 없이는 불가능한 일이었다. 피케티의 '피' 정도는 요시하라 나오키吉原直毅(매사추세츠대학교 애머스트캠퍼스) 등에게 들은 적이 있었지만 잘 알지 못했다. 그러나 피케티를 포함한 불평등 연구의 원류에 대해서는 어느 정도 관심을 가지고 있었고, 그것을 고전적인 사회경제사상사의 흐름 속에서 확실하게 설명한 책이 있다면 편리하겠다는 생각은 하고 있었다. 피케티 관련으로 '시류에 편승한 책'의 대부분은 당연히 피케티의 주장이 일본에서 가지는 실질적인 의의에 초점을 맞춘 것이다. 뒤늦게 똑같은 일을 반복해도 무의미하다.

불평등의 경제학적 연구에 있어서는 일본에서도 다치바나키 도시아키橘木俊詔(도쿄대학교 명예교수), 오타케 후미오大竹文雄(오사카대학교) 등 실증연구가의 활약이 눈부시다. 물론 이론에 있어서도 존 롤스와 아마르티아 센으로 이어지는 연구로는 요시하라, 베나부와 갈로아로 이어지는 연구로는 유키 가즈히로遊喜一洋(도쿄대학교)와 나카지마 데쓰야中嶋哲也(오사카시립대학교)가 있다. 계속 주목할 필요가 있다.

또한 실증연구에 있어서 피케티의 스승이라고 할 수 있는 앤서니 앳킨슨Anthony Atkinson도 『불평등을 넘어Inequality: What Can Be Done?』를 출간하고, 2015년 말에는 피케티의 저서를 담당했던 야마가타 히로오山形浩生 팀에서 『21세기 불평등21世紀の不平等』(동양경제신보사)을 간행했다.

그런데 불평등 연구에서는 당연히 사회학과 사회복지학의 선행 연구를 무시할 수 없다. 일본에서도 가리야 다케히코苅谷剛彦(옥스퍼드대학교)의 '인센티브 디바이드'론 등에 나타난 교육사회학의 활성화는, 실은 경제학적인 인적자본론과 이중노동시장론에 대한 응답이기도 했다. 또한 사회학적 사회계층과 이동연구에서의 이론의 위기, 아니 그보다도 해체〔자세한 내용은 하라 준스케原純輔·세이야마 가즈오盛山和夫의 『사회계층: 풍요 속의 불평등社會階層: 豊かさの中の不平等』(도쿄대학출판회, 1999) 참조〕는 사회학역사를 논하는 데도 대단히 중요한 주제다. 오늘날에는 경제격차와 가족, 젠더, 민족성과의 관계 또한 경제학보다 사회학의 존재감이 더 크게 느껴지는 문제영역이다. 이 책에서는 범주에서 완전히 제외한 분야지만, 다행히 가족과 성별분업의 차별에 대해서는 쓰쓰이 준야筒井淳也의 『일과 가족: 일본은 왜 일하기 힘들고 아이를 낳기 힘든가?仕事と家族: 日本はなぜ働きづらく、産みにくいのか』라는 훌륭한 책이 출간되어 있으니, 꼭 읽어보시길 바란다.

참고문헌은 책의 끝부분에 한꺼번에 정리했다. 이 책의 성격을 고려해서 그리고 상당한 양의 지면을 차지하기 때문에 주석을 하나하나 책에 수록하는 것은 단념했다. 대신 별도의 블로그에 무료로 공개할 예정이다. 의욕을 가진 경제학부생 또는 이 책을 읽었다면 경제학 전문가가 아니라도 이공계의 소양이 있으면 충분히 이해할 수 있을 것이다.

이 책이 발행된 이후의 추가적인 사항에 대해서는 블로그(http:..d.hatena.ne.jp/shinichiroinaba/)와 트위터(@shinichiroinaba) 등을 통해 확인해주기 바란다.

2016년 3월

이나바 신이치로

참고문헌

경제학사에 관한 전체적인 시야를 얻기 위해서는,

Duncan K. Foley, *Adam's Fallacy: A Guide to Economic Theology*, Belknap Press, 2008. 성장과 분배에 초점을 맞춘 경제학사 교과서.

小田中直樹, 『ライブ・經濟學の歷史 〈經濟學の見取り圖〉をつくろう』, 勁草書房, 2003.

稲葉振一郎, 『增補 經濟學という教養』, ちくま文庫, 2008.

松尾匡, 『對話でわかる 痛快明解經濟學史』, 日經BP社, 2009.

불평등과 빈곤에 관한 경제 분석 및 피케티를 포함한 그 전체를 조감하기 위해서는,

Branko Milanovic, *The Haves and the Have Nots: A Brief and Idiosyncratic History of Global Inequality*, Basic Books, 2010.

Angus Deaton, *The Great Escape: Health, Wealth, and the Origins of Inequality*, Princeton University Press, 2013.

1장_ '자본주의'의 발견

Thomas Hobbes, *Leviathan*, 1651.

John Locke, *Two Treaties on Government*, 1689.

Jean Jacques Rousseau, *Discours sur l'origine et les fondements de l'inégalité parmi les hommes*, 1755.

Jean Jacques Rousseau, "Economie politique", in: *L'Encyclopé die*, 1755.

Adam Smith, *Lectures on Jurisprudence*, 1762~1763.

Adam Smith, *An Inquiry into the Nature and Causes of the Wealth of*

Nations, 1776~1789.
內田義彦,『社會認識の步み』, 岩波新書, 1971.
アダム・スミス,『アダム・スミス哲學論文集』, 名古屋大學出版會, 1993. 애덤 스미스,「편집동인에게 보내는 편지」수록.
內田義彦,『新版 經濟學の生誕』, 未来社, 1994.

2장_ '노동력'이라는 상품

Karl Marx, *Das Kapital*, 1867~1894.
內田義彦,『資本論の世界』, 岩波親書, 1966.
森健資,『雇用関係の生成 イギリス労動政策史序説』, 木鐸社, 1988. 고용제도와 고용인제도, 노예제도의 연속성에 관한 기본문헌.
稻葉振一郎・松尾匡・吉原直毅,『マルクスの使いみち』, 太田出版, 2006. 현대적인 수학적 마르크스 경제학의 계몽서.

3장_ 누구나 자본가가 될 수 있다

Alfred Marshall, *Principles of Economics*, 1890.
西岡幹雄,「マーシャルの人的資本論の展開」,『經濟學論叢』(同志社大學經濟學會) 36(1); 1~54, 1985.
アルフレッド・マーシャル,『マーシャル クールヘッド&ウォームハート』, ミネルヴァ書房, 2014. 앨프리드 마셜의 논문과 강연집으로「노동자계급의 장래」등 수록.

4장_ '경제성장'을 어떻게 논할 것인가?

Eric L. Jones, *Growth Recurring: Economic Change in World History*, University of Michigan Press, 1988.
斎藤修,『比較經濟發展論―歷史的アプローチ』, 岩波書店, 2008.

5장_ 노동자 사이에 계층이 형성되다

Gary S. Becker, *Human Capital: A Theoretical and Empirical Analysis, with Special Reference to Education*, University of Chicago Press, 1964~1993.

Peter B. Doeringer · Michael J. Piore, *Internal Labor Markets and Manpower Analysis*, Heath Lexington Books, 1971. 미국 '내부노동시장론'의 고전.

Michael J. Piore · Charles F. Sabel, *The Second Industrial Divide: Possibilities for Prosperity*, Basic Books, 1984.

Paul Milgram · John Roberts, *Economics, Organization and Management*, Prentice Hall, 1992. '조직의 경제 분석'에 관한 가장 보편적인 교과서.

氏原正次郎,『日本の労使關係』, 東京大學出版會, 1961.

氏原正次郎,『日本労動問題研究』, 東京大學出版會, 1966.

小池和男,『資金 その理論と現況分析』, ダイヤモンド社, 1966.

要田健,『增補 イギリス労動組合史論』, 未来社, 1978. 노동조합에 초점을 맞춘 노동문제의 단계론적 고전.

金子良事,『日本の賃金を歴史から考える』, 旬報社, 2013. '노동문제연구'에 관한 입문서.

6장_ 성장과 분배 문제를 다시 생각하다

Simon Kuznets, "Economic Growth and Income Inequality," *The American Economic Review* 45(1):1~28, 1955.

Joseph E. Stiglitz, "Distribution of Income and Wealth among Individuals," *Econometrica* 37(3):382~397, 1969.

Jeffrey G. Williamson, *Inequality, Poverty, and History*, Blackwell, 1991. 불평등의 계량적 역사분석의 일인자인 쿠즈네츠 기념강의.

7장_ 성장과 분배에 영향을 미치는 요인들, 8장_ 자본시장의 완성인가, 재분배인가?

Oded Galor · Joseph Zeira, "Income Distribution and Macroeconomics," *The Review of Economic Studies* 60(1):35~52, 1993.

Alberto Alesina · Dani Rodrik, "Distributive Politics and Economic Growth," *The Quarterly Journal of Economics* 109(2):465~490, 1994.

Roland B nabou, "Inequality and Growth," in: B. S. Bernanke · J. J. Rotemberg (eds.), *NBER Macroeconomics Annual 1996*, 11~74, 1996.

Thomas Piketty, "The Dynamics of the Wealth Distribution and the Interest Rate with Credit Rationing," *The Review of Economic Studies* 64(2):173~189, 1997.

Elhanan Helpman, *The Mystery of Economic Growth*, Belknap Press, 2004. 내포적 성장론 이후의 경제성장연구에 대한 해설서.

Giuseppe Bertola · Reto Foellmi · Josef Zweimüller, *Income Distribution in Macroeconomic Models*, Princeton University Press, 2005.

David N. Weil, *Economic Growth, 2nd Edition*, Pearson, 2008.

Philippe Aghion · Peter Howitt, *The Economics of Growth*, The MIT Press, 2008.

Daron Acemoglu, *Introduction to Modern Economic Growth*, Princeton University Press, 2009.

岩井克人, 「經濟成長論」, 岩井 · 伊藤元重 編, 『現代の經濟理論』, 東京大學出版會, 1994.

稲葉振一郎, 「教育費のエコノミックスとポリティックス」, 宮寺晃夫 編, 『再檢討 教育機會の平等』, 岩波書店, 2011.

中嶋哲也, 『經濟發展と貧困 簡單な家計モデルによる檢討』, 現代圖書, 2015.

坂井豊貴, 『多數決を疑う 社會的選擇理論とは何か』, 岩波新書, 2015.

9장_ 피케티에서 한 걸음 떨어져

Derek Parfit, *Equality or Priority?*, The Lindley Lecture, 1991.

Mukesh Eswaran · Ashok Kotwal, *Why Poverty Persists in India: A Framework for Understanding the Indian Economy*, Oxford University, 1994.

Daron Acemoglu · James A. Robinson. *Economic Origins of Dictatorship and Democracy*, Cambridge University Press, 2005.

Oded Galor · Omer Moav, "Das Human Kapital: A Theory of the Demise of the Class Structure," *The Review of Economic Studies*, 73(1), 85~117, 2006.

OECD. *Growing Unequal?: Income Distribution and Poverty in OECD Countries*, 2008.

Oded Galor · Omer Moav · Dietrich Vollrath, "Inequality in Landownership, the Emergence of Human Capital Promoting Institutions, and the Great Divergence," *Review of Economic Studies*, 76:143~179, 2009.

Oded Galor, *Unified Growth Theory*, Princeton University Press, 2011.

OECD, *Divided We Stand: Why Inequality Keeps Rising*, 2011.

Daron Acemoglu · James A. Robinson, *Why Nations Fail: The Origins of Power, Prosperity and Poverty*, Crown Business, 2012.

Thomas Piketty, *Capital in the Twenty First Century*, Harvard University Press, 2014.

David N. Weil, "Capital and Wealth in th 21st Century," NBER Working Paper No. 20919, 2015. http://www.nber.org/papers/w20919

Harry Frankfurt, "Equality as a Moral Ideal," *Ethics* 98(1):21~43, 2015.

野口旭,『世界は危険を克服する ケインズ主義2.0』東洋經濟新報社, 2015.

찾아보기

18세기 루소에서 21세기 피케티까지, 260년간의 불평등 논쟁

불평등과의 싸움

초판 1쇄 인쇄 2018년 3월 9일
초판 1쇄 발행 2018년 3월 26일

지은이 이나바 신이치로 **옮긴이** 김영주 **펴낸이** 김종길 **펴낸 곳** 글담출판사

기획편집 박성연·이은지·이경숙·김진희·김보라·안아람
마케팅 박용철·임우열 **디자인** 정현주·박경은·손지원 **홍보** 윤수연 **관리** 박은영

출판등록 1998년 12월 30일 제2013-000314호
주소 (04043) 서울시 마포구 양화로 12길 8-6(서교동) 대룡빌딩 4층
전화 (02) 998-7030 **팩스** (02) 998-7924
페이스북 www.facebook.com/geuldam4u **인스타그램** geuldam
블로그 blog.naver.com/geuldam4u **이메일** geuldam4u@naver.com

ISBN 979-11-87147-26-8 (03320)
책값은 뒤표지에 있습니다.
잘못된 책은 바꾸어 드립니다.

이 도서의 국립중앙도서관 출판시도서목록(CIP)은 e-CIP 홈페이지(http://www.nl.go.kr/ecip)와 국가자료공동목록시스템(http://www.nl.go.kr/kolisnet)에서 이용하실 수 있습니다.
(CIP 제어번호 : 2018005400)

만든 사람들
책임편집 김보라 **디자인** 임현주